모두가 주인공인
우리들의 학교

모두가 주인공인 우리들의 학교

청송초등학교 교육가족 지음

| 여는 글 |

청송 교육은 교육공동체 모두를 어떻게 성장하게 하였는가?

교장 임춘훈

    청송초등학교 근무 첫해를 보내고 있다. 전임교도 혁신학교로 지정 신청을 하기까지 4년을 근무하고 온 터라 혁신학교를 통해 이루고자 하는 목표와 방향성은 매우 익숙하게 이해하고 있다. 혁신학교의 운영 모습은 학교마다 다르다. 그것은 교육공동체의 특성과 요구, 기대가 모두가 다르기 때문이다.
    청송은 혁신학교 10년의 역사를 쓰고 있는 마침교다. 10년의 시간 동안 혁신 교육을 위해 교육공동체 모두가 관심과 노력을 기울였으며, 그 중심에는 언제나 아이들이 있었다.

    혁신학교 1기(2016~2019)의 시작은 위로부터가 아닌 아래로부터 시작되는 매우 바람직한 출발이었다. 네 분의 교사들이 청송을 무대로 혁신학교의 씨앗을 심고, 필요한 영양이 무엇인지 고민하였으며 어떤 것을 키우고 어떤 것을 제거하여 성장을 위해 필요한 영양들이 교육공동체 모두에게 스며들게 할 것인지 협의와 협력, 연대와 실천으로 여정을 함께했다. 혁신학교 1기에는 교육과정과 교육공동체 세우기가 주를 이루었다. 학교 교육에서 가장 근간이 되는 학교교육과정에 대해 고민했다는 점이 매우 고무적이다. 또한 학교 교육에 대해 교육공동체의 이해와 협력, 참여와 지원을 이끌기 위해 노력했다는 점도 혁신학교 운영의 주체자들이 학교 안에서 학교 밖 지역과 마을로 확대되는 계기가 된 것 같다.

혁신학교 2기(2020~2023)에는 학교 구성원들의 변화가 생기면서 혁신학교 운영 시스템이 일부 붕괴 위험을 겪기도 하고, 새로운 구성원들의 혁신학교에 대한 부정적인 인식이 혼재하는 위기가 있었다. 그런 중에도 1기 4년이 만들어 놓은 변화와 혁신의 내용과 의지가 유지될 수 있었던 것은 민주적인 학교 문화, 교육공동체의 학교에 대한 신뢰, 그리고 학교 교육의 꽃이라 할 교육과정, 수업, 평가에 대한 교사들의 고민과 과정에 대한 필요와 존중 덕분이라고 본다.

청송 교육이 8년의 혁신학교를 운영하면서 이루어 놓은 것은
첫째, 청송에 맞는 마을 기반의 다양하고 특색있는 교육과정 운영, 개별화 교육에 맞춘 평가의 개선, 교사 학습공동체 중심의 수업 혁신이 이루어지고 있는 점이다.

둘째, 민주적인 학교 문화다. 함께 참여하고, 내 의견이 학교의 중요한 결정에 영향을 미치며 이에 대한 막중한 책임감으로 학생 중심 교육으로 교육공동체 모두가 존중과 참여의 민주주의를 실현하고 있다.

셋째, '함께'의 가치를 실천하고, 주체적으로 참여하는 주도성을 갖춘 교육 자치의 실현이다. 학생들은 다모임과 학교 참여예산제를 통해, 학부모는 '어깨동무 도담도담 학부모회'를 통해, 교직원의 전문적 학습공동체와 다 함께 참여하는 민주적 회의 문화를 통해, 학교의 경계를 무너뜨리고 지역과 마을의 협력적 마을 교육을 통해 교육공동체의 교육자치가 이루어지고 있다.

추가 재지정(2024~2025) 2년을 통해 청송은 10년의 혁신학교 운영으로 응축된 문화와 배움과 삶의 연계와 실천을 위해 마을기반 교육과정 운영을 통해 삶을 살아가는 데 필요한 역량 중심 교육을 위해 힘쓰고 있다. 또한 혁신학교의 10년이 다시 혁신미래학교로 이어갈 수 있도록 혁신미래학교를 신청하였다. 결과에 상관없이 청송 교육은 '학교'의 역할에 최선을 다할 것이다.

저출산, 고령화로 인해 지역소멸과 학교의 붕괴가 급속하게 일어나고 있다. 이미 맞이하기 시작한 '잠재적 실업의 시대', '일상적인 불확실성의 시대', '특이점 세상'을 우리 아이들이 살아가야 한다. 아이들에게 무엇보다 필요한 것이 미래역량이다. 교실 안의 학습이 학생들의 삶에서 실천되고 적용될 수 있도록 그 균형을 이루는 교육이 절실히 필요한 때이다.

따라서 학교 교육은 미래 사회를 예측하고, 이에 대한 앞선 대비와 혁신을 꾀함으로써 학생들이 행복한 미래를 설계하고 결정하며, 도전할 수 있는 삶을 살아갈 힘을 길러주어야 한다. 이것이 지금까지 혁신학교들이 고군분투하며 실천해 왔던 10년의 과제였고 앞으로도 해야 할 역할이다. 청송의 교육은 학생을 중심에 두고 교직원들을 통해, 학부모를 통해, 지역과 마을의 교육과 협력을 통해 교육이 갈 길을 서로가 묻고 답을 찾아 함께 성장해 갈 것이다.

청송 10년의 성장을 위해 함께했던 모든 교직원들과 소중한 글로 혁신학교 마침표를 잘 찍을 수 있도록 도와 주신 여러 선생님, 학부모님, 그리고 학생들에게 감사를 전한다.

| 추천의 글 |

소통과 협력으로 함께 성장한 10년, 청송초등학교의 혁신 교육 여정!

충청남도교육감 김지철

  청송초등학교 혁신학교 10년의 기록을 담은 이 책을 펼치며, 진정한 교육의 본질이 무엇인지 다시 한번 생각합니다. 청송초등학교가 지난 10년간 걸어온 길은 단순히 제도적 변화를 뛰어넘어, 학교 공동체 모두가 함께 성장하며 교육의 새로운 지평을 열어온 소중한 여정이었습니다.

  이 책의 제목인 '모두가 주인공인 우리들의 학교'는 청송초등학교 혁신교육의 철학을 명확히 드러내고 있습니다. 특히, 1학년부터 6학년까지 모든 학생이 참여하는 무학년제 학생 다모임은 학년의 경계를 허물고, 선배와 후배가 서로를 존중하며 배려하는 진정한 민주시민교육의 장을 잘 보여줍니다. 아이들은 자신들의 목소리로 학교생활의 안건을 협의하고, 민주적 절차를 통해 공동체의 일원으로서 책임감을 배우며 성장하고 있습니다.

청송초등학교는 학교와 마을의 협력을 통해 배움과 삶을 연계하는 마을 기반 교육과정을 운영하며, 학생들이 삶을 살아가는 데 필요한 역량을 기를 수 있도록 힘써왔습니다. 이는 교육이 교실 안에 머물지 않고, 담장을 넘어 지역사회와 함께 호흡하며 확장할 때 더욱 풍성해진다는 것을 보여주는 좋은 사례입니다.

무엇보다 청송초등학교의 혁신 교육이 지속 가능했던 이유는 교직원, 학부모, 지역사회가 함께 소통하고 협력했기 때문입니다. 서로가 묻고 답하며 교육의 방향을 함께 모색해온 이 과정은 진정한 교육공동체의 모습을 실현하고 있습니다.

학교 교육은 학생들이 행복한 미래를 설계하고 도전할 수 있는 삶, 곧 살아갈 힘을 길러주어야 합니다. 청송초등학교는 지난 10년간 이 과제에 충실히 응답하며 분투해왔습니다. 이 책에 담긴 10년의 기록은 단순한 과거의 발자취가 아니라, 청송교육이 앞으로도 변함없이 학교의 본질적 역할에 최선을 다하겠다는 다짐이자, 우리 교육이 나아가야 할 방향을 밝히는 소중한 이정표입니다.

청송초등학교 교육 가족 여러분의 헌신과 노력에 깊은 감사와 존경을 표합니다. 이 책이 혁신 교육을 고민하는 많은 학교와 교육공동체에 영감과 희망을 주는 길잡이가 되기를 기대합니다.

'함께'의 가치를 실천하고,
주체적으로 참여하는 주도성을 갖춘
교육 자치의 실현이다.
학생들은 다모임과 학교 참여예산제를 통해,
학부모는 '어깨동무 도담도담 학부모회'를 통해,
교직원의 전문적학습공동체와
다 함께 참여하는 민주적 회의 문화를 통해,
학교의 경계를 무너뜨린 지역과
마을의 협력적 마을 교육을 통해
교육공동체의 교육자치가 이루어지고 있다.

_차례

004 여는 글 | 임춘훈
008 추천의 글 | 김지철

1부 씨앗을 심고 가꾸다

1장 혁신학교를 시작하다(2016~2019)

018 혁신학교, 씨앗을 심다 | 최유락
022 소통으로 함께 성장해 온 청송교육공동체 | 유운옥
027 푸르른 소나무 | 이세중
033 '가치'로운 '같이' | 이정선
040 좌충우돌 혁신학교 적응기 | 김소라
044 함께라 든든한 다모임 | 김소라

2장 혁신학교를 이어가다(2020~2023)

049 혁신학교란 무엇인가: 정답 없는 물음 속에서 길을 찾다 | 이가영
066 혁신학교의 질적 성장이 필요하다 | 김병찬

076 삶의 힘을 배우는 행복한 동행 청송 교육 | 강나형
080 혁신학교 업무지원팀 운영기 | 김소라
084 삶의 힘을 배우는 문화예술교육 | 김종오
092 마을교육을 실천하는 어깨동무 도담도담 학부모회 | 김종오
098 학생자치로 피운 푸른솔 청송 문구점 | 김소라
102 얘들아, 놀러 가자 | 이상희

2부 꽃을 피우고 열매를 맺다

1장 학생의 배움
116 학생 다모임, 우리 아이들의 돋움터 | 김현중
125 책과 함께 자라는 아이들 | 이기풍
131 건강을 설계하는 첫걸음 | 최재진
136 아이의 배움을 교실 너머로 전하다 | 이기풍
140 흙과 함께 배운 것들 | 최재진
147 마을을 그리다, 이야기를 만들다 | 김경애
153 아이 곁에 머문다는 것 | 박소영
158 같이 걷는 길, 함께 자라는 마음 | 오민정

2장 교직원의 도전

163　낯선 지역에서의 새로운 시작 | 김경애
167　함께 걷는 배움의 길 | 백삼현
171　무엇이 우리의 가슴을 뛰게 하는가 | 이경찬
176　청송 혁신교육, 또 다른 시작을 응원합니다 | 최영주
182　혁신학교에서 얻은 깨달음 | 명정희

3장 공동체의 성장을 생각하다

188　작은 학교의 큰 매력에 빠지다 | 송정호
193　청송에서 우리 아이는 웃음을 찾았습니다 | 안윤미
196　하나 하나가 모여 | 서종필
198　함께 성장하는 학교와 지역아동센터 | 박명옥
203　나에게 청송초란? | 양지혜
206　청송초등학교에서 피어난 추억들 | 이예지
208　내 마음속 두 번째 가족 | 송서윤
210　내가 좋아하는 청송초 | 이은석

소통으로
함께 성장해 온
청송교육공동체
10년

1부
씨앗을 심고
가꾸다

1장
혁신학교를 시작하다
(2016-2019)

혁신학교, 씨앗을 심다

보성초등학교 교장 최유락

벌써 10년의 혁신학교를 지나 책을 펴낸다는 말을 들으니 새삼스럽다. 처음 청송초등학교가 혁신학교를 시작할 무렵은 충남교육청이 많은 변화를 시도하던 시기다. '행복공감학교', '행복나눔학교' 등 '행복'이란 단어를 무척이나 강조했다. 관리자와 교사를 대상으로 교사 학습공동체 연수, 교육과정 재구성, 학교혁신을 위한 연수가 활발하게 진행되었다. 청송도 그랬다.

이런 흐름 속에서 청송은 2015학년도 혁신학교 추진을 준비했다. 2014년 가을 즈음으로 기억한다. 나, 유운옥 선생님, 이정선 선생님과 셋이서 만나 수업 혁신에 대한 비전을 공유하게 되었다. 유운옥 선생님과 이정선 선생님은 5년 만기로 새로 옮길 학교를 찾고 있었다. 저 경력 교사 비율이 많았던 청송에서 두 분이 청송으로 오신다면 혁신학교 추진에 큰 도움이 될 것은 자명했다. 결과적으로 두 분 선생님은 청송으로 내신을 신청하셨고, 나는 내부에서 기존 직원들을 중심으로 혁신학교 추진을 논의하였으나 의견을 모으는 데 실패하면서 2015학년도 혁신학교 운영 신청서를 제출하지 못하였다.

2015학년도에 청송은 교사 학습공동체를 조직하여 운영하기 시작하였다. 도교육청에서 예산을 지원받고 외부 연수에도 적극적으로 참석하였다. 새로 전근 오신 선생님이 힘을 보태셨고 젊은 선생님들도 적극적으로 동참해 주셨다. 일주일에 한 번씩 거의 빼놓지 않고 모임을 가졌다.

처음에는 독서 모임으로 시작했다. 책 한 권을 정해 앞에서부터 주제별로 범위를 정해 읽고 토론을 시작했다. 거의 1학기를 진행했던 것으로 기억하는데, 책 내용을 바탕으로 교실 상황에 적용해 보는 것이 중요하고 큰 역할을 했다는 것이다. 충남교육청도 처음 교사 학습공동체를 추진하는 상황이어서 운영 방법도 추진하는 학교마다 달랐다. 지금 생각해도 청송은 모범적으로 운영했다고 자부한다.

한편, 외부 강사 초청 연수를 실시했다. 넉넉한 예산을 바탕으로 유명한 상담 치료 의사분을 강사로 모셨고, 거산초 운영 사례를 듣기 위해 현직 교사를 모시기도 했다. 이때도 일반 연수와 달리 강의 후에 최소 30분 이상의 질문 답변 시간을 가졌다. 다모임에 한 가지 규칙이 있었는데 참여자는 최소 한 번 이상 발언을 하는 것이다. 듣기만 하면 방관자가 되고 적극적 동참자가 되기 위해서 발언을 해야 한다고 생각했었다.

수업에 관해서는 이정선 선생님의 도움이 컸다. 평소에도 수업 준비를 위해 잠을 줄였다. 체력도 강한 편은 아닌데 수업 만큼은 독종이 따로 없다. 수업은 주제별로 재구성하여 수업하셨다. 교육과정 재구성이 일반적이지 않았던 시기였기에 이해하는 것이 쉽지 않았다. 진도표를 펴놓고 사회 교과의 어떤 것은 빼고 저것은 어디로 옮기고 수업 시수는 어떻고 하는데 쉽지 않았다.

　공개 수업을 통해서 좀 더 세밀하게 수업 방법에 도움을 주셨다. 다른 반 교사가 언제든 원하면 수업에 들어와도 좋다고 하셨다. 수업과 관련하여 외부 강사 연수, 수업 나눔 방식에도 변화를 주려고 노력하였다. 기존에 있었던 수업 사후 평가 방식을 탈피하자는 의견은 있었으나, 어떻게 하는지 알고 적용하는 전문가는 부족했던 시기였다.

　나도 2015학년도에 교육과정 재구성을 하여 수업한 사례가 다수 있었는데, 이 역시 이정선 선생님의 영향이 가장 컸을 것이다.

　2학기가 시작되면서 2016학년도 혁신학교 운영 신청 공문이 내려왔다. 선생님들과 이에 대해 논의했다. 교사들의 분위기는 1년 전과는 많이 달라졌다. 이미 교사 학습공동체 운영과 수업 연수를 통해 동료 교사들의 생각이 깨어 있었다. 젊은 교사들은 다소 불안한 마음을 갖고 있었으나 흔쾌히 동참해 주었다. 우리는 신청서를 제출했고, 선정되었다.

　2016학년도 혁신학교에 선정되고 나서도 순탄하지만은 않았다. 2학기 교육과정 평가회에서 일이 터지고 말았다. 나름 공을 들여 외부 시설을 대여하여 1박 2일로 평가회를 추진하였다. 연수에서 배운 것을 흉내 내어 포스트잇에 주제별로 글을 쓰고 의견을 정리해 나가고 있었다. 업무 전담팀 구성을 어떻게 할지 논의하는 과정에서 유양근 선생님께 역할을 부탁했다. 업무 전담 제도를 도입하던 시기이기에 어떻게 운영될지 예상하지 못하기도 했거니와 혼자 감당한다는 것이 싫었을 것이다. 선생님은 이에 대해 반발했고 서로 의견을 좁혀가는 과정은 쉽지 않았다. 밤이 무거웠다.

　겨울 방학에는 교사들이 새로운 방식의 학교 운영을 위해 준비할 것이 많았다. 충남학교혁신네트워크 겨울 연수에 참석하였고 이런 준비를 바탕으로 드디어 2016학년도 '행복나눔학교'(이후에 혁신학교로 용어가 변경되었다.)를 시작할 수 있었다.

　여기까지가 혁신학교 첫걸음을 추진해 온 과정이다. 돌이켜보면 교사들끼리 교사 학습공동체, 교육과정 재구성 등 각종 연수를 추진하는 데는 교장, 교감 선생님의 적극적인 지원이 있었다. 눈에 차지 않는 것도 많았을 텐데 많이 참으셨겠다는 생각이 든다. 참여한 모든 교원에게 감사드린다.

소통으로 함께 성장해 온 청송교육공동체

교감 유운옥

　2015년 1월 어느 날 청양읍 어느 식당에서는 교사 4명의 만남이 이루어지고 있었다. 이 만남을 주선한 사람이며 당시 청송초등학교 교무부장을 맡고 있던 교사 최○○, 청양초등학교에서 5년 근무를 하고 전보내신서를 써야 하는 나와 교사 이○○, 그리고 장평초등학교에 근무하고 있던 교사 유○○였다. 나는 그 자리에 가기 전 교사 이○○의 설명을 듣고 그들이 혁신학교 운영에 뜻을 같이하고 있음을 알고 있었다.

　교사 이○○과 나는 2010년 3월 청양초등학교에 전입을 함께하면서 만나게 된 동료 교사이다. 나는 그와 5년 동안 같이 근무하면서 그의 학급 교육과정 운영과 업무 추진 모습에 감명을 받게 되었고 어느 사이 서로에 대한 호감이 쌓이게 되었다. 교직 경력은 내가 많았지만 나는 그의 교육과정 운영과 학급 운영 면에서 배울 점이 많다는 것을 알게 되었다. 그리하여 그가 학급에서 펼치고 있는 교수·학습 방법이나 교육과정 운영 방법 등을 우리 학급에 적용하는 경우도 많았고, 동학년이나 이웃 학년을 하면서 교육활동을 함께 계획하여 추진하는 경우도 많았다. 그러다 보니 서로 간에 신뢰가 쌓이게 되고 우리는 제법 잘 맞는 콤비라고나 할까? 그런 사이가 되어 있었다. 그런 이ㅇㅇ이 '혁신학교를 해보고 싶다.'는 뜻을 비쳤을 때 "이ㅇㅇ이 옳은 길이라고 한다면 나는 당연히 함께하겠다." 하며 그 자리에 함께한 것이다. 그 자리에서 교사 최ㅇㅇ는 혁신학교의 의미, 타시도의 운영 상황, 운영의 필요성 등을 설명하면서 함께 혁신학교를 운영해보자는 제안을 하였고 네 명의 교사가 뜻을 모으게 되었다. 우리 3명의 교사는 2015학년도에 청송초등학교에 전입하게 되었다. 우리는 한 해 동안 학교 운영을 하면서 계획을 세워 혁신학교 지정 신청을 하였고, 2016학년도부터 혁신학교로 지정되어 1기 운영을 하게 되었다.

  1기 운영에서 중요하게 생각한 것은 혁신학교 교육과정 세우기와 교육공동체 세우기라고 할 수 있다. 교직원이 함께하는 교육과정 만들기 주간을 운영하고 학부모와 함께하는 교육과정 운영 평가회를 운영하였다.

교육과정 세우기 활동 모습

"모처럼 학교에 와서
손자와 함께 시간을 보낼 수 있어서 좋았어요.
앞으로 이런 기회가 많았으면 좋겠어요."
손자를 돌보고 계신 할아버지께서 환한 미소를 머금고 말씀하셨다.

소통의 날 활동 모습

혁신학교 1기 운영을 시작하면서 교육공동체 간의 협력과 지원이 매우 중요하고 절실히 필요하다는 생각들을 하게 되었다. 학부모들 대부분이 맞벌이 가정으로 학생들은 가정에서의 보살핌이 부족하고 학교 교육에 대한 의존도가 지나치게 높았다. 또한 학교생활 부적응 학생들도 상당수 있었다. 학교 교육이 제대로 이루어지기 위해서는 가정교육이 밑바탕 되어야 한다. 학교에서는 가정과의 연계 지도 체제 구축이 중요하고 이를 위해서는 학부모와의 소통을 강화하는 활동이 필요하다는 결론을 내렸다. 그리하여 '학부모와 함께하는 소통의 날'을 운영하게 되었다. 학부모들과 학생들은 함께 어울려 여러 가지 놀이를 즐기고 삼겹살을 구워 먹으며 이야기꽃을 피웠다. 엄마, 아빠, 할아버지, 할머니, 이모와 함께하는 아이들 얼굴이 그렇게 밝고 즐거워 보일 수가 없었다. "모처럼 학교에 와서 손자와 함께 시간을 보낼 수 있어서 좋았어요. 앞으로 이런 기회가 많았으면 좋겠어요." 손자를 돌보고 계신 할아버

지께서 환한 미소를 머금고 말씀하셨다. "가족이랑 함께 재미있는 놀이도 하고 맛있는 고기도 구워 먹어서 너무 좋아요." 아이들도 신나서 말했다.

'소통의 날' 운영과 함께 교육가족 등산 체험, 지역사회 축제 참여, 지역 아동돌봄센터와의 협의시간 등 다양한 프로그램 운영으로 교육공동체 간의 소통과 협력을 증진할 수 있었다.

푸르른 소나무

충청남도교육청교육과정평가정보원
교육정책연구소장 이세중

'굽은 나무가 선산을 지킨다.'는 옛 속담이 있다. 학교 이름에서 알 수 있듯이 청송초등학교에는 오래된 노송들이 학교를 굽어보며 지켜주고 있어 역사와 전통을 잘 이어오지는 않는지 생각도 해 본다. 그들이 이어온 세월과 지혜가 켜켜이 쌓이고 함께한 교육공동체의 땀방울이 모여 현재의 청송초를 이루며 미래의 발판이 되었을 것이다.

전교조 전임 활동을 하며 충남에도 혁신학교가 지역마다 생겨나고, 이를 통해 교육생태계의 변화를 모색하며 활동하다 청양에도 그런 거점 학교를 만들면 좋겠다는 이야기가 나왔다. 그 속에서 청송초를 중심으로 새로운 학교의 모습을 만들어 가자는 의견들을 모아 나는 청양초에 복귀하게 되었다. 함께할 선생님들이 청송초에 모이면서 자연스럽게 혁신학교의 꿈을 그렸고, 2016부터 혁신학교를 시작하며 함께하게 되었다.

사회생활을 배우는 첫 마당인 초등학교는 지식을 익히는 것뿐 아니라 삶의 방식을 익히고, 새로운 가치를 배우는 곳이어야 한다. 교실이 작은 세상이라면 또래들과 어울려 서로의 다름을 알아가며, 서로서로 얽혀서 살아가는 속에서 삶을 건강하게 살아가는 삶의 방식을 몸으로 익혀가야 한다.

그런데 현실은 경쟁 속에서 점수를 매기고, 과정보다는 결과를 중시하며, 아이들 제각각의 빛깔로 성장하기 어려운 상황이다. 그러다 보니 학교 안에서 아이들도, 교사도 서로 아픔을 안고 그냥 지내게 된다. 서로가 얼마나 소중한 존재인지 모른 채 두툼한 먼지로 뒤덮여 있는 현실이 답답하다. 먼지를 걷어내고 학교라는 공간에서 제각각의 빛깔을 뿜어내며 현재를 살아가야 한다. 부족한 것은 서로 나누고 협력하며, 민주주의의 가치가 살아있는 생동감 있는 학교여야 한다. 이를 교육과정 속에서 실천하는 교육의 장으로 만드는 것이 혁신학교의 교육으로 나아가는 청송초 교육의 방향이 되었다.

청송초는 읍내 외곽에 위치하고 있어 마치 블랙홀처럼 되어버렸다. 청양읍 내에 사는 대다수의 학생들이 청양초로 입학하는 성향이 두드러져 학생 수가 급격히 줄어드는 바람에 폐교를 걱정하게 되었기 때문이다. 그러다 선생님들이 그리는 혁신학교와 교집합이 생기면서 새로운 출발의 첫발을 내딛게 되었다. 정서적으로 어려운 아이들을 위해 회복적 생활교육을 통해 자존감을 키우는 교육과정을 고민하게 되었고, 마침 이정선 선생님이 전문가로 활동하는 '학급 긍정 훈육법'을 중심으로 전문적 학습공동체 활동을 통해 교육 3주체의 성장은 시작되었다. 청양읍 내 보호자들에게 작은 학교의 강점이 이야기되면서 유의미한 학생들의 전입이 시작되었다.

정산에서 통학하는 학생을 아침에 내 차에 태워 같이 학교에 가면서 아픈 마음도 달래주고 어루만지며, 학교생활에 **빠르게 적응하는** 모습을 보며 교사로서 뿌듯함과 고마움도 가졌다. 퇴근하며 참새 방앗간처럼 그 집을 방문하면서 차 한잔과 나누는 이야기는 모두가 교육이었다. 장애를 극복하며 성장하는 친구를 보면서는 인간의 무한한 능력도 찾을 수 있었다. 그 속에는 공동체로 함께하려는 친구들의 크나큰 역할이 힘이 되었다. 지금은 고등학생이 되어 변성기 목소리로 선생님 '사랑합니다'라는 인사와 함께 가끔 통화를 하는데, 그 시간이 최고의 행복이기도 하다.

조금 양보하고 기다려주며 서로를 이해하려는 선한 영향력이 생활로 스며드는 진짜 교육의 장이 열리는 행복도 맛보았다. 학생 자치 활동을 통해 본인들의 이야기가 학교 정책으로 반영되는 모습을 보며 민주주의도 익히는 소중한 공간으로 자리매김도 하였다.

3년 6개월을 근무하며 끝까지 함께하지 못한 아쉬움을 안고 학교를 옮길 때는 너무나 아쉬움이 크게 남았는데, 벌써 10년의 세월을 보내며 혁신학교로 성장한 모습에 대견함과 고마움을 늘 갖고 있다. 앞으로도 앎과 삶이 일치하는 배움이 이루어지고 미래 사회를 살아가는 데 필요한 역량을 키우고, 배움과 나눔이 이루어지는 학교로 계속 이어지길 응원하며 작은 힘이나마 함께하려고 한다.

학년을 마치며 친구들에게 보냈던 이야기를 끝으로 마무리한다.

2016학년도를 마치며!

3월 2일 아침

스산한 바람에 호호 손을 불며 만났던
4학년 친구들이
벌써 1년이 지나 헤어져야 할 시간입니다.

새로운 학교에서 처음 만나는 친구들과
즐겁게 지내자고
여러 이야기를 나누었는데
지키지 못한 약속이 많네요.

텐트에서 야영, 현장학습, 운동회, 벼 추수하기, 가래떡 먹기 등
많은 추억들은
가슴속의 추억으로 간직해야 겠네요.

선생님이
많이 많이 이야기했던
건강이 최고다.
배려하고 봉사하자.
우리 음식을 즐겨 먹는 '신토불이'를 생활화 하자.
약속을 꼭 지켜 책임감을 키우자.
자연을 내 몸처럼 사랑하자.
탄산음료는 건강에 좋지 않으니 줄여 먹자.
'더불어 사는 우리를 실천하자' 등 실천의 시작이 중요합니다.

귀가 아프게 이야기한 소리 들이
한살 한살 커가면서
쬐끔은 좀 더 실천하는
우리들이 되었으면 좋겠습니다.

이제 돌이켜 보면
학년 초보다 많이 자라고
마음까지 부자가 된
착한 마음을 가진 친구들과
생활한 것이 너무 행복했습니다.
그런 예쁜 마음 오래오래 실천해 주길 바랍니다.

자신감을 키워
내 꿈을 키우는
멋쟁이로 자라는 것이
선생님의 바람입니다.

이제는 되돌아올 수 없는 시간,
되돌릴 수 없는 공간입니다.

아름다운 추억을 밑거름으로
아름답고 행복하고 건강한 5학년이 되길 빌겠습니다.
최선의 노력을 다하는 여러분들이 행복입니다.

도전하십시오.
실패해도 그것이 나의 재산입니다.
젊음은 도전할 수 있는 최고의 시기입니다.
도전도 하지 못하고 후회하는 그런 모습은 예쁘지 않습니다.

꿈을 향해 열심히 뛰는 여러분이 가장 멋쟁이입니다.
20년 후의 아름다운 내 모습을 상상해 봅시다.

1년 동안 행복했습니다.
사랑합니다.
아쉬움이 진하게 머리를 스쳐 갑니다.

3월 2일 우리 멋쟁이들이
5학년 교실에 씩씩하게 등교하는 꿈을 그려 봅니다.

2017년 2월 10일 4학년 마지막 날에

'가치'로운 '같이'

교사 이정선

Andante: 서서히, 그리고 함께

청송초등학교에서 혁신학교를 시작하고 싶어한다는 소식을 들은 건 근무하던 학교에서 5년 만기가 되어 전출을 가야 하는 2014년 말이었다. 교사로서 언젠가는 혁신학교에서 꼭 근무해보고 싶어 청양군으로 근무지를 옮겼던 나에게는 희소식이었다. 주저없이 청양초에서 5년 간 함께 근무했던 부장님과 청송초등학교로 근무지를 옮겼다.

그리고, 1년 뒤 벅찬 마음을 안고 청송초에서의 혁신학교 생활을 시작했지만, 녹록치 않았다. 여름 방학이 시작 되기 전 혁신학교 제1기 신청 공문이 왔을 때 당연히 다 찬성할 거라는 예상과는 달리 꽤 많은 교사들은 혁신학교라는 말도, 신청도 갑작스럽다는 반응을 보였다. 나도 '사전에 이미 이야기가 되어 있는 줄 알았는데…'라는 마음에 당황스러웠다. 그래도 일관되게 지켰던 것은 회의를 통해 서로의 의견을 듣고 이야기를 나누며 합의의 과정을 거쳤다는 것이다.

결국 우리는 신청서를 제출했고 혁신학교로 선정되었다. 물론 후배 교사들보다 혁신학교의 가치를 추구하는 선배 교사들의 의지가 더 작용할 수 밖에 없는 상황도 신청하는데 한 몫을 했고 1기 혁신학교로 선정이 되었다.

하지만 선정의 감격도 잠시, 진짜 시작은 그때부터였다. 한마음으로 함께하는 것은 쉽지 않았다. 마치 새로 태어난 아기가 첫 걸음마를 떼기 위해, 말을 하기 위해 아주 사소한 것부터 시작해야 하듯이 혁신학교로의 변화도 처음부터 새로 시작해야 했다. 겨울방학에 실시한 사전 연수, 2016년도 교육과정 협의회에서 이야기를 나누면 나눌수록 혁신학교에 대한 서로의 지향점과 생각의 차이를 확인하게 될 뿐이었다. 혁신부장으로서 조심스러웠고 고민스러웠다. 그럼에도 이후 4년을 꾸준히 일을 할 수 있었던 것은 "같이 이야기 나누며 해결하자."고 이야기하던 한결같은 동료 교사들의 격려와 협력 덕분이었다.

모든 것이 따로따로 떨어져 작동하는 것처럼 보이던 학교 문화가 집단지성의 힘으로 서서히, 아주 서서히 변화하고 있음을 느낄 수 있었다. 교장 선생님, 청송초로 초대해주신 선생님, 함께 전근 온 선생님, 든든한 지원군으로 청양에서 청송초로 오신 선생님, 청송초에 근무하며 우리를 받아들이고 혁신학교를 시작할 결심을 한 선생님들, 행정실과 급식실 직원분들 모두가 청송초에 혁신학교의 씨앗을 하나하나 뿌리고 자리잡도록 함께한 분들이다.

시행착오는 오히려 우리에게 깨달음을 주고, 서툴지만 소통을 통해 서로를 이해하려는 노력들이 쌓여갔다. 우리 아이들에게 지금 가장 중요한 것이 무엇인가를 서로 치열하게 고민하고 토론하면서 학교 비전, 교육 과정의 방향, 생활지도의 방향, 교사학습공체의 역할과 내용 등이 만들어졌다. 혁신학교로서의 기반이 조금씩 다져지기 시작한 것이다.

지금은 안다.

한마음으로 한 곳으로 가기를 바라는 마음이 얼마나 무모한 것인지,

빨리 달라지기를 바라는 조급함이 서로를 어색하게 만들수도 있다는 것을….

그것을 깨닫는 순간 우리는 더 넓게 더 높이 뛸 준비가 된 것이다.

Moderato: 넘치지도 모자라지도 않게

실사구시! 교육활동의 대원칙은 '우리 아이들의 성장을 지원하는 것'이었고 그에 따라 모든 내용을 협의했다. 형식은 없애고 내용을 채웠다. 성과 대신 과정을 중앙에 놓았다. 교사학습공동체 활동을 본격적으로 시작하면서 동료 선생님들과의 수업참관과 수업나눔도 활발해졌다. 수업 나눔 역시 평가 대신 배움 중심으로, 비난 대신 격려를 통해 교수-학습 역량을 촉진하는데 초점을 맞추었다. 구성원 간의 의견 충돌도 있었지만 아이들 중심이라는 대원칙에 마음을 모았기 때문에 가끔 당혹스럽던 관계의 어려움은 견딜만 했다.

마치 봄비에 촉촉해진 땅에서 여러 종류의 꽃들이 피어나듯, 혁신학교의 토대 위에서 각기 다른 개성을 가진 교사들의 목소리가 하나둘 어우러져 하모니를 이루기 시작했다.

'의견을 내면 과연 반영이 될까?'라는 의구심을 가지던 교사, 특히 저 경력 교사들은 자신의 의견이 반영되는 것을 보며 유능감을 느끼고 서로에

대한 신뢰를 느끼게 되었다. 무엇보다도 다른 학교의 교사들과 이야기를 나누다 보니, 모든 학교가 우리처럼 자유롭게 의견을 나누는 것은 아니라는 사실을 알게 된 것 같았다. 우린 진짜 '혁신학교구나'하는 것을 어렴풋이나마 느꼈을 것이라 생각한다.

해가 지날수록 혁신학교는 일정한 틀이 있는 것이 아니라는 중요한 깨달음을 얻었다. 허공에 손을 저으며 잡으려하면 잡을수록 손가락 사이로 다 빠져나가는 것 같은 '혁신학교'의 실체는 '지금 여기에서, 우리가' 만들어 가야 하는 것이라는 깨달음은 내겐 정말 큰 선물과 같았다. 100 학교면 100 학교 다 다른 모습으로 구현되어야 정상이고, 정답도 없는 것이었다. 혼자가 아닌 함께 생각하고 공유하며 함께 성장하는 기쁨의 순간들은 이제 우리의 것이 되어 나가고 있었다.

Allegro: 한껏 꽃을 피우도록

공모로 오신 학교장과 구성원들은 한마음이 되어 그야말로 뜨거운 성장으로 혁신학교가 무르익는 시간들이 되었다. 회의에서 가장 늦게, 가장 짧게 의견을 말씀하시고, 교사의 의견을 존중하며 마음껏 교육을 할 수 있도록 지원을 해 주었다. 그리고 꼭 필요할 때는 교사 간의 갈등을 적절하게 중재해 주었다. 뿌리가 깊어지고 줄기가 튼튼해지는 나무처럼, 청송초만의 혁신학교 문화가 단단히 자리 잡는 전성기가 온 것이다.

혁신학교에 대한 교장 선생님의 말씀 중에서 지금도 기억나면서, 내 자신도 격하게 동의하는 말씀은 '특별함과 두드러짐을 추구하는게 아닌 지금 이대로의 우리가 여기에서 할 수 있는 것을 하는 것이 혁신'이라는 말씀이다. 어찌보면 가장 어려운 일이라는 생각이다. 특별함은 1%이지만 지금 이대로를 받아들이는-남들은 평범한 일이라고 하는-것은 99%라는 생각을 하면 청송초는 정말로 중요한 것을 놓치지 않고 있는 자랑스러운 학교였다.

그래서일까? 남들은 청송초를 어려운 아이들이 많아 청양의 외인구단이라고 부르기도 했지만, 나는 청송초라서 할 수 있는 것들, 느낄 수 있는 기쁨과 보람은 말할 수 없이 컸다. 학생생활지도로 고민이 많았던 교사들의 선택으로 학급긍정훈육법을 함께 공부하면서 조급함 대신 기다림을 선택할 수 있었다. 아이들의 입장에서 생각해보고, 그들에게 힘이 되는 말이 무엇인지 고민하며 더욱 신중하게 다가갔다.

실제로 매일 문제를 일으키던 3학년 아이를 보며 저 아이가 6학년이 되어 과연 제대로 잘 할 수 있을까 하는 걱정을 했었다. 하지만 교사들이 일관된 마음으로 함께 교육을 하니 저학년 아이들이 고학년 아이들을 보며 자연스럽게 선배 역할을 익혀 실제로 학년이 올라가니 선배 노릇을 제대로 하는 모습을 보여주었다.

Da Capo: 끝과 동시에 새로운 시작이

혁신학교로서의 여정이 무르익으며 구성원들 사이에서 자연스럽게 혁신학교의 비전과 실천 과정을 다른 학교와도 나누고 싶다는 이야기가 나왔다. 우리만의 것으로 간직하기에는 너무 소중한 경험들이었기 때문이다.

　아이들에 대한 관심은 아이들에게 진짜 필요한 것이 무엇인지를 알게 만들었고 교육활동에 대한 관심을 높여 주었다. 교과에 대한 깊은 이해 없이는 불가능하다는 것도 깨닫게 만들었으며 교사로서의 진짜 실력과 능력에 대한 갈망을 느끼게 했다. 그렇게 우리는 함께했고, 함께 성장했다.

　학교의 문을 열었고 우리의 모습을 있는 그대로 보여주었다. 지금 우리가 한 걸음씩 걸어왔던 길 속에서 이곳의 아이들에게 진짜 필요한 것들을 함께 찾고 고민하며 만들어왔던 과정들을 보여주었다.

　혁신학교 2기를 신청해야 할 시간은 왔고, 쉽지 않은 이 길을 누구에게 넘길 것인가 고민도 했다. 4년 간 실천하려고 애썼던 '지금 여기에서 이 사람들과 할 수 있는 것'을 새로 시작할 다음 사람이 있을만큼 우리는 단단해졌다.

　새로운 출발을 축하했다!

Epilogue: 시작은 언제나

　그리고 그 모든 것의 시작은, 언제나 지금 이 사람들과 여기서부터다.

　혁신학교 4년의 시간을 돌아보니 작지만 꾸준한 노력들이 중요한 변화를 가져왔으며 그 변화의 중심에는 언제나 우리가 '함께'였다는 것이 소중하게 느껴진다. 그것은 단순히 학교를 바꾸는 일이 아니라 함께 성장하며 관계를 변화시키는 일이었으며, 혼자서는 절대 해낼 수 없었던 일들이, '같이'하니 가능하게 했다. 각자의 가치가 모여 더 큰 가치를 만들어냈고, 그래서 '가치'로운 '같이'가 가능했다.

우리는 또 함께할 것이다. '혁신 학교'라는 말이 다른 말로 바뀔지는 몰라도 혁신의 여정은 끝나지 않을 것이다. 그 순환 속에서 우리는 계속 성장하고, 함께 걸어가게 될 것이다.

그리고 그 모든 것의 시작은, 언제나 지금 이 사람들과 여기서부터이다.

좌충우돌 혁신학교 적응기

교사 김소라

　　2018년 2월말, 청송초로 발령을 받고 출근하는 발걸음은 설렘으로 가득했다. 혁신학교에서의 첫 근무이기에 과연 어떤 점이 일반 학교와 다를까? 학급 운영 방식은 어떻게 될까? 하는 궁금증이 있었기 때문이다. 혁신학교에 근무해보고 싶은 마음에 "저는 청송초로 가겠습니다!" 라고 이야기하면 주변의 선생님들께서는 응원과 염려를 함께 해 주셨다. "혁신학교면 힘들지 않겠어?", "회의를 저녁시간까지 한다던데?" 하는 말들도 머릿속을 맴돌았다. 그래도 가고 싶었던 이유는 명확했다. '민주적인 학교 문화' 와 '교사학습공동체의 내실있는 운영' 이 매력적으로 다가왔다. 그렇게 나는 설렘을 가지고 청송에서의 첫 발걸음을 내딛었다.

　　2018년에 맡게 된 학년은 6학년이었다. 두둥. 가장 고학년을 맡게 되다니 덜컥 긴장이 되었다. 아직 혁신학교의 '혁'자도 모르는 내가 맡아도 괜찮을까? 걱정도 되었다. 하지만 아이들을 만나고 그 걱정은 쓸데없는 것이었다는 걸 깨달았다. 이미 서로를 너무나 잘 알고 있고, 어떤 점이 강점인지 같은 반 친구들이 어떤 것을 어려워하고 힘들어하는지를 잘 알고 있던 우리 6학년. 우리가 만드는 학급은 어떤 학급이었으면 좋겠는지 가이드라인을 정하면서 아이들은 자연스럽게 '항상 웃고 즐겁게 지내고, 행복이 넘치고 서로를 존중하는 반'을 만들고 싶다고 하였다. 그리고 우리는 1년 동안 이 가이드라인을 지키기 위해 함께였다. 수업 시간에도, 쉬는 시간에도, 현장체험학습을 갔을 때도, 수학여행을 가고, 가장 선배로서 다모임을 이끄는 리더 역할을 할 때도 우리 6학년은 최선을 다해 서로를 존중하려고 노력했고, 과정은 힘들었어도 마지막은 웃고 즐겁게 행복한 분위기로 마치기 위해 서로를 생각했다. 돌이켜 생각해보면 말도 많고, 서로 다투기도 하고, 갈등도 있었지만, 그 과정에서 한 뼘 더 성장하고 '나와 생각이 다르구나. 서로 이야기를 해보고 차이를 존중하고 문제를 해결하는 것에 집중하자.' 라는 방법을 배웠다. 학생들뿐만 아니라 교사인 나도 마찬가지였다. 이전에는 교사가 만든 규칙을 중시하고 이에 따르도록 하는 분위기가 있었다면, 아이들과

함께라서 행복했던 6학년

우리가 만드는 학급 가이드라인

가이드라인을 만들고 우리에게 필요한 것은 수정하며 보완하며 자연스럽게 '민주적인 학급 문화'에 나도 함께 스며들고 있었다.

학교도 마찬가지였다. 학생들의 수업을 위해 교사학습공동체로 동료교사와 고민을 나누고, 수업의 개선을 위해 함께 해결책을 찾았다. 업무의 효율화를 위해 회의 안건이 필요하다면 안건 게시판을 만들어 필요할 때 협의하고, 주간을 합하여 운영하거나 서로 역할 분담하였다. 그래서 '우리는 함께 고민하고 함께 해결한다.'는 공동체성을 청송에서는 크게 느꼈다. 어려움이 있더라도 나의 문제가 아닌 우리의 문제, 함께 해결하는 것이니 터놓고 말할 수 있는 문화. 그것이 청송초의 혁신학교 모습이었다고 생각한다. 그렇기에 수업 공개와 수업 나눔에도 두려움보다는 배움의 기회라 생각하고 지원할 수 있었고, 학생들에게 필요한 활동이라고

6학년 수업 공개 및 수업 나눔

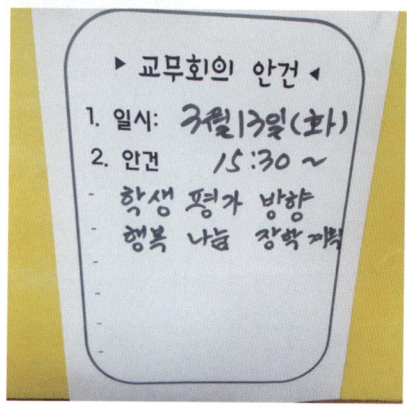

교무회의 안건 게시판

생각하는 것은 용기있게 의견을 제시하고 추진할 수 있었다. 물론 이러한 과정에는 시간과 노력이 필요하다. 하지만 의미있는 투자라고 생각한다.

어느덧 2019년 1월, 나와 우리 6학년 아이들은 함께 졸업을 준비하고, 아이들은 청송에서의 기억을 되돌아보며 졸업식을 끝냈다. 6학년을 만난 것은 행운이었다. 혁신학교의 발자취를 고스란히 배우고 느낀 아이들이 나의 첫 혁신학교 생활을 적응할 수 있도록 도와주었기 때문이다. 함께라 빛났던 우리의 2018년이었다.

함께라 든든한 다모임

교사 김소라

"청송초에서 근무하던 기간 동안 가장 기억에 남는 일이 무엇인가요?" 이렇게 누군가가 인터뷰를 한다면 바로 이야기 할 수 있는 일은 다모임이다. 다모임은 이제 혁신학교가 아닌 대부분의 학교에서도 많이 이루어지고 학생 자치가 활성화되었다. 하지만 이런 문화가 확산하게 된 부분에는 혁신학교의 공이 정말 크다고 생각한다. 2018년, 혁신학교에 와서 '우와, 이건 정말 혁신학교에서만 느낄 수 있는 것이구나!' 라고 생각하던 것이 다모임 활동의 모습이었다. 그 전에는 학생들은 전교학생회의에 학급에서 뽑힌 회장, 부회장이 참여하여 형식이 있는 순서에 맞게 회의를 하던 것이 일반적이었기에 모두 다 함께 모여서 하는 학생 자치 모임인 다모임은 혁신학교에 근무하지 않는다면 경험해보지 못하는 생소한 부분이었기 때문이다.

  다모임은 학생들의 주도로 한 달에 한 번씩 모여 활동을 한다. 다모임을 이끄는 자치회장과 부회장은 선거로 선출되고, 이 학생들은 학생들의 대표자로 다모임의 사회자 역할을 한다. 그리고 전체 학생들이 조를 나누어 구성되고, 고학년이 조장이 되어 학생들이 조에

다모임을 이끄는 리더들

서 활발하게 나눈 의견을 경청하고 정리한다. 학생들은 저학년 때부터 다모임에 참여하면서 자연스럽게 민주적인 협의 문화를 배우고, 자신의 의견이 학교행사에 반영되는 경험을 하게 되고, 고학년 때에는 다모임의 리더로 조원을 존중하고 해결책을 만들기 위해 조율하고 타협하는 과정을 배우게 된다.

다모임에서는 학교 행사 방법을 정하거나, 우리 학교의 문제를 어떻게 해결하면 좋을지 의견을 나누고 정한다. 2018년에 다뤘던 내용을 살펴보니 '봄 체육대회는 어떤 방법으로 할까?', '복도에서 뛰어다니는 것이 불편해요. 우리가 찾은 해결방법은?' 등 다양한 주제로 다모임이 이루어졌다. 서로의 생각과 의견을 나누어야 하기에 자연스

2018년, 혁신학교에 와서
'우와, 이건 정말 혁신학교에서만 느낄 수 있는 것이구나!'
라고 생각하던 것이 다모임 활동의 모습이었다.

조에서 만든 조이름과 깃발

원으로 둘러앉은 조별 아이들

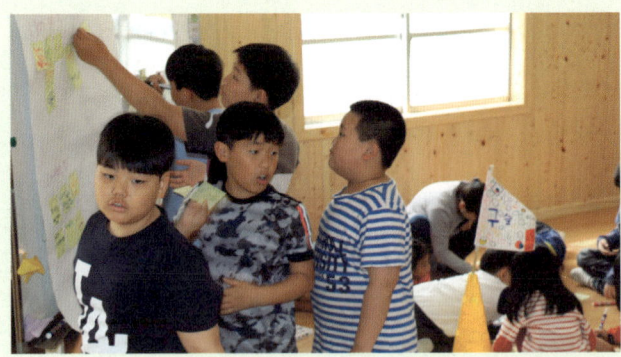

붙임쪽지로 의견을 게시해요

럽게 다모임 조의 형태는 원으로 동그랗게 둘러앉게 되었고, 큰 칠판에는 학생들의 생각이 옹기종기 모인 붙임쪽지가 가득했다.

 다모임의 전체적인 분위기는 어땠을까? 시끌벅적, 난리법석, 고래고래 등 다양한 단어가 떠오른다. 그만큼 아주 활발하고, 적극적으로, 그리고 엄청난 에너지가 그 시간에 뿜어져 나왔다. 긍정적일 때도 부정적일 때도 있었지만 그 과정은 점차 쌓여 학생들의 자기주도적인 힘을 길러주었다. 그리고 상대의 생각을 존중하고 경청을 위해서는 기다리는 인내의 시간이 필요함을 깨닫게 해주었다. 그 시간이 학생들에게 행복한 기억으로 남았기를 소망한다.

2장
혁신학교를 이어가다
(2020-2023)

혁신학교란 무엇인가:
정답 없는 물음 속에서 길을 찾다

교사 이가영

1장 첫 만남: 낯섦과 저항의 벽 앞에서

1.1 '혁신학교' 라는 이름의 무게

처음 청송초등학교로 발령받았을 때, 내 앞에 놓인 가장 큰 과제는 '혁신학교'라는 낯선 이름에 적응하는 것이었다. 설렘과 불안이 교차하던 신규 교사 시절, 나는 가장 먼저 인터넷 교사 커뮤니티에 '혁신학교'라는 키워드를 검색해 보았다. 화면에 나타난 것은 대부분 부정적인 이야기들이었다. "업무가 일반 학교의 두세 배는 된다.", "의견 조율도 안 되는데 회의만 끝도 없이 길어진다.", "보여주기식 행사가 너무 많아 정작 아이들에게 집중할 시간이 없다." 등, 혁신학교는 열정과 에너지를 소진시키는 곳으로 묘사되고 있었다.

익명의 공간에서 쏟아지는 그 글들은 나도 모르는 사이 마음속에 단단한 벽을 쌓아 올렸다. '혁신'이라는 단어가 주는 진취적이고 긍정적인 이미지와는 정반대의 선입견이었다. 내가 발령받은 청송초등학교는 당시 혁신학교 2년 차를 맞이한, 소위 '혁신'의 열기가 뜨거운 곳이었다. 교육에 대한 남다른 열정과 뚜렷한 가치관을 공유하는 선생님들이 의기투합하여 혁신학교를 추진했기에, 이전에 경험했던 실습 학교나 전통적인 학교의 모습과는 확연히 달랐다. 그 다름은 거대한 장벽처럼 느껴졌고, 초반에 적응하는 데는 꽤 오랜 시간이 걸렸다.

1.2 모든 것이 달랐던 학교

전통적인 학교 시스템에 익숙했던 내게 청송초등학교의 모든 것은 도전이었다. 몇 가지 기억나는 장면만 꼽아보아도 그 낯섦의 깊이를 짐작할 수 있다.

첫째, 평가 방식이 달랐다. 기존의 학교가 정해진 틀에 따라 점수와 등급을 매기는 데 집중했다면, 이곳의 평가는 한 명의 학생을 입체적으로 이해하려는 노력 그 자체였다. 서술형 평가는 기본이고, 학생의 성장 과정을 담는 포트폴리오 평가, 프로젝트 수행 과정을 기록하는 과정 중심 평가, 심지어 학생 스스로 자신과 동료를 평가하는 자기 평가와 동료 평가까지. 평가 방법이 굉장히 다양하고 독특한 만큼, 학생 한 명을 평가하는 데 들이는 시간과 에너지는 상상을 초월했다. '이렇게까지 해야 하나?'라는 회의감과 함께, 그 시간에 산더미처럼 쌓인 행정 업무를 처리하고 싶다는 생각이 간절했다.

둘째, 회의 문화가 달랐다. 이전까지 경험한 회의는 관리자와 부장 교사가 결정한 사항을 전달하고 공유하는, 사실상의 '통보' 시간이었다. 하지만 이곳에서는 '1인 1발언권'과 '발언 시간 제한'이라는 원칙 아래, 막내 교사인 나에게도 어김없이 마이크가 돌아왔다. 모두가 동등한 자격으로 의견을 내야 한다는 사실은 엄청난 부담이었다. 내 의견이 학교의 중요한 결정에 영향을 미칠 수 있다는 책임감, 그리고 아직 학교의 철학을 온전히 이해하지 못한 상태에서 무언가 말을 해야 한다는 압박감은 회의 시간을 피하고 싶은 순간으로 만들었다.

셋째, '전문적 학습공동체'(이하 전학공) 시간이었다. 일주일에 한 번, 정해진 시간에 교사들이 모여 함께 공부하고 연구하는 이 시간은 내게 또 다른 곤욕이었다. 다른 학교 선생님들은 "그 시간에 수업 준비나 업무를 하면 훨씬 효율적이지 않느냐."고 반문하기도 했다. 실제로 나 역시 '정말 열심히' 연구하고 토론하는 동료 교사들을 보며, 이 시간이 아깝다는 생각을 떨치기 어려웠다. 교사에게 요구되는 것은 전문성 향상을 위한 학습이 아니라, 당장 처리해야 할 업무라고 믿었기 때문이다.

이처럼 혁신학교에서의 내 첫걸음은 '비효율'과 '부담감'이라는 두 단어로 요약되었다. 기존의 관성과 효율성을 중시하던 내게, 혁신학교의 철학과 시스템은 끊임없이 질문을 던졌고, 나는 그 질문들 앞에서 길을 잃은 채 헤매고 있었다.

2장 변화의 시작: '다름'을 '가치'로 받아들이기까지

2.1 얼음이 녹아내리듯, 서서히 스며들다

시간이 약이었을까, 아니면 낯섦을 이겨낸 내 안의 작은 변화였을까. 벽처럼 느껴졌던 혁신학교의 문화는 어느새 내게 스며들어 새로운 의미로 다가오기 시작했다. 주관적인 경험이지만, 몇 년이 지난 지금의 내 모습을 돌이켜보면 혁신학교가 내게 남긴 긍정적인 흔적들은 분명하고 단단하다.

　첫째, 학생을 '이야기'로 보는 눈이 생겼다. 이제 나는 학생 수에 상관없이 맞춤형으로 평가하고 그 결과를 기록하는 일에 큰 보람을 느낀다. 특히 한 학기를 마무리하는 방학식 날, 아이들이 자신의 생활통지표를 한 자 한 자 꼼꼼히 읽어 내려가는 모습을 볼 때면, 밤늦게까지 고심하며 써 내려갔던 평가의 시간들이 결코 헛되지 않았음을 깨닫는다. '선생님이 나를 이렇게 오랫동안 지켜봐 주셨구나' 하는 아이들의 표정 속에서, 정성스러운 평가가 단순한 성적 통보를 넘어 한 아이의 자존감을 세우고 자신을 긍정적으로 되돌아보게 하는 힘을 가졌음을 느낀다.

　한 예로, 유난히 발표를 두려워하고 친구들과 잘 어울리지 못하던 아이가 있었다. 나는 그 아이의 생활통지표에 '자기 생각을 글로 표현하는 능력이 뛰어나고, 친구의 이야기를 누구보다 진지하게 들어주는 따뜻한 마음을 지님'이라고 적어주었다. 다음 학기, 그 아이는 작은 목소리로나마 자신의 의견을 이야기하기 시작했고, 쉬는 시간에는 친구의 고민을 들어주는 '상담사' 역할을 자처했다. 교사의 애정 어린 관찰과 기록이 한 학생의 잠재력을 일깨우고 긍정적인 자기 인식을 형성하는 데 얼마나 중요한지 깨닫는 순간이었다. 이는 단순히 점수를 매기는 '평가를 위한 평가'에서 벗어나, 학생의 성장을 돕는 '학습을 위한 평가'의 가치를 체감한 경험이었다.

2.2. 침묵에서 발언으로, 방관자에서 참여자로

둘째, 회의 시간에 내 목소리를 내기 시작했다. 신규 시절, 수십 명의 교직원이 있는 큰 학교에서의 회의 시간은 그저 '듣는 시간'이었다. 관리자와 부장 선생님들께서 모든 것을 결정하고, 나머지 교사들은 그 결정에 따르는 것이 당연한 질서였다. 하지만 청송초등학교의 민주적인 회의 문화는 그 질서를 전복시켰다. 모두에게 발언권이 주어졌고, 그 어떤 의견도 가볍게 무시되지 않았다. 물론 모든 의견을 수용할 수는 없었지만, 제시된 의견을 다시 한번 고려하고 토론을 통해 더 나은 대안을 찾아가는 과정은 모든 구성원의 발언을 의미 있게 만들었다.

내 기억에 남는 두 가지 회의가 있다. 한 번은 학부모의 학교 참여에 대한 회의이다. 사실 학부모의 학교 참여는 혁신학교의 중요한 가치였지만 선뜻 하기에는 어려운 점이 많은 프로그램이다. 기존 방식대로 하자는 의견이 지배적이었다. 그때 한 선생님께서 의견을 내셨다. "별 축제와 연계해서 학부모가 학생들에게 고기를 구워주고 밤에 별을 보는 것은 어떨까요?" 처음에는 "업무가 너무 많아진다.", "학부모들이 많이 참여하지 않아 교직원이 어려워질 것 같다."는 우려의 목소리가 컸다. 하지만 열띤 토론 끝에 우리는 그 의견을 수용하기로 결정했고, 학부모님들이 운동장에서 고기를 구워주고 서로 소통하던 모습은 아직까지 현실감이 느껴지지 않는 신기한 경험이다. 또 다른 하나는 학교 업무 최적화에 대한 회의이다. 학생 교육에 진심이며 학생 교육활동에 몰입하고 싶은 선생님들이 유독 많았던 해였다. 작은 학교 특성상 업무는 너무 많았고, 줄어드는 것은 없이 매해 늘어나기만 했다. 송선숙 교장선생님은 회의 시간에 과감한 제안을 하셨다. 교장선생님께서는 행복놀이 시간에 학생들과 투호 놀이를 하시며 선생님들께서는 교무실에 모여 수업과 생활지도 이야기를 나누도록 하셨다. 또, 국악에 일가견이 있으신 만큼 3~6학년 음악의 국악 단원을 뽑아서 직접 전문성 있는 수업을 해주셨다. 교장선생님은 장구를 치고, 나는 옆에서 피아노 멜로디를 쳐주던 장면이 아직도 가슴 깊이 새겨져 있다. 뿐만 아니라 교장선생님께서는 학부모 연수 시간에 대부분의 연수를 직접 하셨고, PPT 또한 직접 만드셨다. 나는 학교 업무 최적화가 이러한 방식으로 실현될 거라고는 생각하지 못했다.

이렇듯 회의는 하기 망설여지는 것을 하게끔 만들기도 하고, 불가능할 거라고 여겨졌던 장벽을 허물기도 하는 시간이 되었다. 이 경험들은 나에게 회의가 단순한 의사결정의 장이 아니라, 학교의 미래를 함께 만들어가는 창조의 과정임을 깨닫게 했다. 이는 학교 구성원 모두가 리더십을 공유하는 분산적 리더십의 실현이었고, 나를 학교 운영의 방관자가 아닌 주체적인 참여자로 거듭나게 했다.

2.3 '함께'의 가치를 배우다: 전문적 학습공동체

셋째, 자발적으로 동료들과 배우고 성장하는 즐거움을 알게 되었다. 업무를 하고 싶다며 아깝게만 느껴졌던 전학공 시간은 이제 내가 가장 기다리는 시간이 되었다. 초등 교사의 큰 장점 중 하나는 자신의 관심사와 취미를 교육 연구 주제로 깊이 있게 파고들 수 있다는 것이다. 나는 개인적으로 상상이룸과 공예에 관심이 많고, 5~6학년 실과 교육과정과 연계한 상상이룸 교육에 대해 더 깊이 연구하고 싶었다. 용기를 내어 전학공 팀장을 맡았고, 뜻이 맞는 선생님들과 함께 한 달에 한 번 모여 수업 이야기를 나누기도 하고, 작품을 만드는 시간을 가졌다.

함께 공부하며 우리는 단순히 수업 기술을 공유하는 것을 넘어, 각자의 교육 철학을 나누고 서로의 고민에 귀 기울이는 시간을 가졌다. 혼자서는 어려웠을 수업 연구가 '함께'라는 이름 아래 풍성해졌고, 이는 고스란히 교실 속 아이들의 성장으로 이어졌다. 우리는 서로의 전문성을 인정하고 교환 수업을 적극적으로 실시했다. 학년과 교실의 경계를 허물고 서로의 강점을 바탕으로 더 깊이 있는 수업을 할 수 있었다. 당시 2학년 담임이었던 나는 6학년 교실에서 코바늘 수업을 했다. 이후, 6학년 여학생들은 쉬는 시간에 2학년 교실로 찾아와 질문하고 틀린 것을 수정하고 갔다. 6학년 여학생들은 처음에는 찌그러진 모양의 수세미를 뜨더니 나중에는 머리끈까지 만들며 성장했다. 마음이 맞는 선생님들과 모이면 저절로 수업 이야기, 생활지도 이야기를 하게 된다. 서로 도움을 주고받으며, 교사로서 더 생각하고 발전할 수 있도록 만드는 시간을 가질 수 있는 것이다. 전학공 활동은 교사가 외부의 강요가 아닌, 내적인 필요에 의해 자발적으로 학습할 때 가장 큰 성장을 이룰 수 있다는 사실을 증명해 주었다.

2.4 나의 '교직관'을 세우다

마지막으로, 그리고 가장 중요한 것은, 나만의 '교직관'이 생겼다는 것이다. 혁신학교가 무엇인지 알아갈수록, 그곳이 추구하는 가치들이 내가 마음속으로 그려왔던 이상적인 교육의 모습과 무척 닮아있다는 것을 깨달았다. 지식을 일방적으로 주입하는 교육보다는 학생이 스스로 질문하고 탐구하는 학생 참여형 수업, 남을 이겨야만 하는 경쟁을 부추기기보다는 서로 돕고 의지하며 함께 성장하는 협력과 배려의 가치, 그리고 모든 아이들은 각자의 속도와 빛깔을 가진 소중한 존재임을 인정하는 다름에 대한 존중. 이것이 바로 내가 교사로서 추구하고 싶은 모습이었다.

만약 내가 혁신학교에서 근무하지 않았더라면, 나의 교직 생활은 어떤 모습이었을까? 아마도 주어진 교육과정과 교과서를 충실히 전달하는 '지식 전달자'의 역할에 머물렀을지도 모른다. 혁신학교의 영향이었는지, 아니면 내 안에 잠재되어 있던 성향이 발현된 것인지는 명확히 알 수 없다. 하지만 한 가지 분명한 사실은, 혁신학교에서의 경험이 나의 교직 생활의 방향을 결정하고 나를 '가르치는 사람'에서 '아이들과 함께 성장하는 사람'으로 이끌어준 결정적인 나침반이 되었다는 것이다.

3장 새로운 질문: 작은 학교의 혁신은 가능한가?

3.1 혁신학교 담당자가 되다

혁신학교의 가치를 몸소 체득하며 성장하던 무렵, 나에게 새로운 역할이 주어졌다. 1기 선생님들께서 다른 학교로 떠나시면서, 혁신학교 초보였던 내가 어엿한 '혁신학교 담당자'가 된 것이다. 그 뒤로 해마다 새로운 선생님들이 우리 학교로 오셨고, 그들은 마치 약속이라도 한 듯 내게 같은 질문을 던졌다.

"선생님, 혁신학교가 대체 뭐예요?"

그 질문은 내게 무척이나 익숙했다. 내가 처음 청송초등학교에 발령받았을 때부터, 그리고 혁신학교 업무 담당자가 된 이후에도 내 자신에게 끊임없이 품었던 물음이었기 때문이다. 과거의 나처럼 혁신학교 앞에서 헤매는 선생님들을 위해, 나는 혁신학교의 철학과 우리 학교의 운영 방침을 정리하여 학년 초마다 '혁신학교 이해 연수'를 진행했다. 하지만 연수가 끝나도 많은 선생님들의 표정에는 여전히 물음표가 가득했다. 특히 다른 작은 학교에서 근무하다 오신 선생님들의 반응은 더욱 회의적이었다.

"혁신학교라는 이름 아래 운영하는 것들, 사실 다른 작은 학교에서도 다 하는 거예요."

그 선생님들의 말씀에도 일리가 있었다. 6학급 규모의 작은 학교에서는 교사 모두가 사실상 학년 부장이나 마찬가지이므로, 누구나 학교 운영에 대한 의견을 적극적으로 낼 수밖에 없다는 것이다. 교사 수가 적으니 전학공도 자연스럽게 모두가 참여하게 되고, 학생 수가 적으니 맞춤형 평가나 개별화 교육은 당연한 일이었다. 일부 선생님들은 혁신학교가 기존에 하던 일에 '혁신'이라는 거창한 이름을 붙여 비효율적으로 일을 더 어렵게 만들 뿐이라고 생각하기도 했다.

그들의 비판은 학교의 본질적인 문제를 건드리고 있었다. 혁신학교의 핵심 목표 중 하나는 학교를 행정 업무 중심에서 교육활동 중심으로 정상화하는 것이다. 이를 위해서는 업무를 줄이고 효율화하는 '업무 최적화'가 필수적이지만, 교사 한 명이 여러 업무를 맡아야 하는 작은 학교의 구조적 한계는 명확했다.

3.2 큰 학교와 작은 학교, 다른 세계의 혁신

'그렇다면 혁신학교의 진정한 가치는 큰 학교에서만 실현될 수 있는 것일까?'

이러한 고민은 혁신학교 담당자 연수에 참여하면서 더욱 깊어졌다. 연수에서 우수 사례를 발표하는 분들은 대부분 규모가 큰 학교의 담당 선생님들이었다. 그들이 소개하는 혁신학교의 모습은 청송초등학교를 포함한 작은 학교와는 차원이 달라 보였다.

— 체계적인 의사결정 시스템: 수십, 수백 명의 교직원이 참여하는 다모임(전체 회의)과 위원회 활동을 통해 민주적인 의사결정을 실현하였다.

— 다양한 전문적 학습공동체: 교사들은 각자 연구하고 싶은 주제에 맞춰 팀을 꾸려 깊이 있는 연구 활동을 펼치고 있었다.

— 업무 전담팀 운영: 교육활동에 집중할 수 있도록 행정 업무, 시설 관리 등을 전담하는 팀을 별도로 운영하여 업무 최적화를 이루었다.

— 활발한 동학년 협의회: 같은 학년 교사들이 수시로 모여 교육과정을 함께 재구성하고 학생에 대한 정보를 공유하며 집단 지성을 발휘하고 있었다.

그들의 이야기를 들으며 나도 모르게 우리 학교의 모습을 비교하게 되었고, 우리가 애써 쌓아온 혁신이 초라하게 느껴졌다. '저런 모습이야말로 진정한 혁신학교가 아닐까?' 하는 생각에 빠져들었다.

3.3 사람에 의해 흔들리는 시스템의 취약성

게다가 작은 학교의 혁신은 '사람'이라는 변수에 너무나도 취약했다. 소수의 교직원이 만들어 놓은 시스템은 구성원이 바뀌거나, 특히 관리자가 바뀌면 그 근간이 크게 흔들렸다. 이는 단순히 교사의 혁신적인 마인드나 열정의 문제와는 달랐다. 교사마다 각자 중요하게 생각하는 교육적 가치가 다르기 때문에 추구하는 교육활동이 다른 것은 당연한 일이다. 하지만 교사 집단과 관리자의 가치관이 충돌할 때는 문제가 심각해진다.

예를 들어, 민주적인 협의를 통해 결정된 교육활동이 관리자의 반대로 무산되는 일이 반복된다면 어떨까. 선생님들의 협의 결과가 학교 운영에 제대로 반영되지 않는다면 '민주적 협의 문화'라는 이름이 무색해질 것이고, 선생님들은 점차 입을 닫을 것이 분명했다.

이러한 상황 속에서 새로 부임한 선생님들이 "혁신학교가 뭐예요?"라고 묻는 것은 어쩌면 당연한 일이었다. 작은 학교는 단 한두 명의 교직원만 바뀌어도 학교의 색깔과 분위기가 크게 달라진다. 특히 학교의 방향키를 쥔 관리자가 바뀌었을 경우는 거대한 변화의 파도를 겪게 된다. 해마다 입학하는 학생들의 특성 또한 달라진다. 나는 그동안 우리가 쌓아왔던 혁신학교의 '틀'을 그대로 유지하려는 것이 얼마나 어리석고 불가능한 일인지 깨닫게 되었다. 올해 우리 학교를 둘러싼 지역적 특성, 교직원의 구성과 역량, 학생들의 기질과 필요 등, 이 모든 것이 매년 바뀔 수 있다는 자명한 사실을 비로소 인정하게 된 것이다.

4장 다시, 혁신을 묻다: 우리만의 답을 찾아서

4.1 "정답이 없는 것이 혁신학교입니다"

수많은 고민과 시행착오 끝에, 나는 "혁신학교가 뭐예요?"라는 질문에 대한 나만의 답을 찾아가기 시작했다. 그것은 명쾌한 정의가 아니라, 오히려 정의를 거부하는 역설적인 대답이었다.

"정답이 없는 게 혁신학교예요."

혁신은 완성된 모델이나 고정된 시스템의 이름이 아니라고 생각했다. 그것은 과정 그 자체일지도 모른다. 해마다 새로운 교직원들이 모여 우리 학교, 우리 아이들의 고유한 특성을 공유하고, 그 특성에 맞는 최적의 교육활동을 '함께' 만들어 나가는 과정. 그 역동적인 과정 자체가 바로 혁신학교의 본질이라고 정의하게 되었다.

물론 혁신학교가 추구하는 민주, 존중, 협력, 연대와 같은 큰 가치는 공통으로 가져가야 한다. 하지만 그 가치를 구현하는 방식은 학교의 규모, 구성원의 특성, 지역 사회의 환경에 따라 천 개의 얼굴을 가질 수 있다. 마치 정해진 악보 없이 연주자들의 호흡과 교감으로 완성되는 재즈 연주처럼, 우리 학교만의 고유한 혁신의 모습을 찾아가는 과정 자체가 의미 있는 것이었다.

이러한 관점에서 관리자와 혁신 담당자의 역할 또한 새롭게 정의될 수 있다. 그들은 정답을 제시하는 해결사가 아니라, 구성원들이 자유롭게 의견을 내고 그 의견들이 존중받는 '안전한 판'을 깔아주는 조력자가 되어야 한다고 생각한다. 혁신적인 마인드를 갖춘 리더는 구성원의 다양한 목소리에 경청하고, 그 목소리가 학교 운영에 실질적으로 반영되도록 이끄는 역할을 해야 한다. 큰 학교의 화려한 시스템을 무작정 따라 하는 것이 아니라, 우리 학교의 현실에 맞는 최적의 시스템을 함께 고민하고 만들어 가는 문화를 조성하는 것이 진정한 리더의 역할일 것이다.

4.2 가치의 차이, 그리고 '교무실 민주주의'

혁신학교에 몸담으면서 나는 또 하나의 중요한 사실을 깨달았다. 혁신학교가 강조하는 다양한 가치에 대해 모든 교사가 똑같이 공감하고 동의할 수는 없다는 것이다. 이는 옳고 그름의 문제가 아닌, 각자가 살아온 경험과 신념에 따른 '가치의 차이' 문제였다.

나 같은 경우에는 민주적인 절차를 통해 구성원의 의견을 모으고, 토론과 설득을 통해 대다수가 동의하는 방향으로 결정하는 것을 선호한다. 이 과정이 다소 더디고 비효율적으로 보일지라도, 그 과정 안에서 공동체가 성장한다고 믿기 때문이다. 하지만 다른 누군가는 이 과정 자체가 소모적이라고 느끼고, 각 업무 담당자가 전문성을 발휘하여 신속하게 결정하고 추진하는 것을 더 효율적이라고 생각할 수 있다.

이러한 가치의 차이를 인정하게 되자, 왜 어떤 선생님들은 혁신학교에서 근무하는 것을 유독 힘들어하는지 이해할 수 있었다. 그들에게 민주적 협의 과정은 '발목 잡기'로, 다양한 시도는 '일 벌이기'로 느껴질 수 있었을 것이다.

하지만 나는 학교 또한 하나의 거대한 '교실'이라고 생각한다. 우리가 교실 속 아이들에게 그토록 강조하는 협력적 의사소통 능력, 갈등 해결 능력, 민주시민 의식과 같은 역량들은, 교무실이라는 또 하나의 교실에서도 똑같이 적용되어야 하지 않을까? 교장선생님은 담임선생님이며, 교직원들은 학생인 것이다. 훌륭한 교사가 학생들이 스스로 토의하여 올바른 결론을 도출하도록 이끌어주듯, 훌륭한 학교 리더는 교사들이 자유롭게 소통하고 배려하며 공동의 목표를 향해 나아가도록 도와야 한다. 학생들이 교실의 주인이 되어야 하듯, 교사도 학교의 주인이 되어야 한다.

나는 그 모습이야말로 가장 이상적인 교실, 그리고 가장 이상적인 교무실의 모습이라고 믿는다. 교사들이 먼저 민주주의를 실천하고 협력의 가치를 체화할 때, 비로소 아이들에게 살아있는 민주주의를 가르칠 수 있다. 교무실의 민주주의가 교실의 민주주의로 이어질 때, 우리는 대한민국 공교육이 마주한 많은 한계를 극복할 실마리를 찾을 수 있을 것이라고 생각한다.

5장 혁신, 학교 담장을 넘어서: 학부모, 마을과 함께 서다

5.1 학부모, 관객에서 주체로

혁신학교에서 추구하는 또 하나의 가치는 '교육공동체'이다. 하지만 청송초등학교에서는 학부모들을 교육활동에 참여시키는 것이 어려웠다. 읍내 권의 작은 학교가 그렇듯, 청송초등학교의 학부모님들은 맞벌이 및 생계유지로 바쁜 분들이 많아 교육과정 설명회에 5명 내외로 참석하셨다. 교육과정 설명회를 낮 시간에 해보기도 하고, 저녁 시간에 해보기도 하고, 학부모 선호 연수를 조사해서 실시해보기도 했지만 참여를 독려하는 데에 한계가 있었다.

우리는 먼저 소통의 문턱을 낮추기 시작했다. 딱딱한 가정통신문 대신, 아이들의 생생한 성장 모습이 담긴 사진과 활동 결과물을 수시로 보냈다. 교장선생님께서는 학부모와의 소통을 적극적으로 하셨고, 학부모회를 중심으로 이해와 참여를 독려하셨다.

변화는 서서히 일어났다. 처음에는 학교 중심으로 '학부모 아침 독서' 시간을 개설하여 학부모들이 아침에 각 반에서 책을 읽어주었고, '토요

텃밭 프로그램'을 개설하여 교육공동체가 함께 학교 텃밭을 가꾸고 시설을 보수했다. 이후로는 학부모들이 주도적으로 학부모 동아리를 개설하면서 아침밥 캠페인, 김장 체험, 마을 축제 부스 운영 등을 하기 시작했다. 학부모님들이 단순한 교육의 관객이자 평가자에서, 학교를 함께 만들어가는 든든한 파트너이자 주체로 서는 순간이었다.

5.2 마을이 교실이 되다

작은 학교의 혁신은 학교 담장 안에서만 머무를 수 없었다. 우리는 '아이 하나를 키우려면 온 마을이 필요하다.'는 말을 실천하기 위해, 학교의 문을 활짝 열고 마을로 나아갔다. '마을 교육공동체'라는 이름 아래, 마을 전체가 아이들의 배움터가 되도록 했다.

아이들은 마을 교사와의 수업을 통해 청양을 이해하고, 마을 경로당에 가서 봉사하며 마을을 위한 시간을 가졌다. 학교는 마을과 함께 교육 프로그램을 만들어 더욱 의미 있는 체험학습이 되도록 노력했다. 마을 축제는 학생, 학부모, 교직원, 마을 주민 모두가 참여하는 축제의 장이 되었다.

이 과정에서 아이들은 교과서 속 박제된 지식이 아닌, 삶과 연결된 살아있는 지혜를 배웠다. 자신이 사는 마을에 대한 자부심과 애정을 갖게 된 것은 물론이다. 학교는 더 이상 고립된 섬이 아니라, 마을과 함께 호흡하고 성장하는 공동체의 중심이 되었다. 이는 혁신학교가 지향하는 교육이 단지 교실 수업의 변화를 넘어, 학생의 삶 전체를 풍요롭게 만드는 것임을 보여주는 경험이었다.

5.3 함께 만들기에 따르는 성장통

물론 학부모, 마을과 함께하는 과정이 언제나 순탄했던 것만은 아니다. 교육을 바라보는 관점의 차이로 인해 의견 충돌이 생기기도 했고, 서로 다른 삶의 방식을 가진 이들이 일정을 조율하고 협력하는 것은 생각보다 많은 노력을 필요로 했다. 이러한 '성장통'을 겪으며 우리는 중요한 교훈을 얻었다. 진정한 연대는 단순히 힘을 합치는 것을 넘어, 서로의 다름을 존중하고 갈등을 조정해 나가는 과정 안에서 더욱 단단해진다는 사실이다.

학생 교육에 참여하는 사람들은 아름다운 사회를 만들어 나가기 위한 목적을 가지고 있으며, 우리 마을에 대한 애정을 가지고 있다. 이런 마인드를 가진 학교, 학부모, 마을이라는 세 주체가 서로를 신뢰하고 함께 성장해 나가는 경험은, 혁신학교가 내게 준 또 하나의 소중한 선물이었다.

6장 나가며: 희망을 향한 끝없는 여정

혁신학교에서 보낸 지난 몇 년의 시간은 나에게 있어 '교사'라는 존재의 의미를 끊임없이 묻는 여정이었다. 처음에는 낯섦에 대한 저항으로, 그다음에는 변화에 대한 감격으로, 그리고 마지막에는 현실의 한계에 대한 깊은 성찰로 이어졌다.

이제 나는 혁신학교가 정해진 목적지가 아니라, 더 나은 교육을 향해 나아가는 '방향' 그 자체임을 안다. 그것은 때로는 길을 잃고 헤매기도 하고, 구성원의 변화에 따라 잠시 후퇴하는 것처럼 보일 수도 있는 험난한 길이다. 하지만 그 길 위에서 동료 교사들과 머리를 맞대고, 아이들의 작은 목소리에 귀 기울이며 우리만의 해답을 찾아가는 모든 순간이 바로 '혁신'의 과정일 것이다.

작은 학교의 혁신은 큰 학교처럼 화려하거나 체계적이지 않을 수 있다. 하지만 더디고 투박할지라도, 한 명 한 명의 교사와 아이들의 삶을 깊이 있게 마주하고 변화시키는 진정성을 가질 수 있다. 중요한 것은 학교의 규모나 이름이 아니라, 그 안에 담긴 교육적 가치와 그것을 실현하려는 구성원들의 진심 어린 노력이다.

오늘도 전국의 수많은 학교에서, '혁신'이라는 이름과 상관없이 아이들을 위해 고군분투하는 선생님들이 계실 것이다. 그 모든 노력이 바로 우리 교육의 희망이라고 생각한다. 나 또한 내가 몸담고 있는 이 학교에서, 정답 없는 질문들을 가슴에 품고 동료들과 함께 뚜벅뚜벅 걸어 나가려 한다. 우리의 이 작은 발걸음이 모여 대한민국 공교육의 새로운 길을 열 수 있으리라 믿으며, 희망을 향한 끝없는 여정을 계속해 나갈 것이다.

혁신학교의 질적 성장이 필요하다
― 청송초 혁신 2기를 시작하며

교사 김병찬

> 이 글은 2020년 혁신학교인 청송초에 와서 1학기를 보내고 혁신학교에 대한 소회를 쓴 글로 모든 교원들에게 회람했습니다. 거칠고 투박한 문체인데, 지금에 와서 다른 사람들에게 보여주기 위해서 다시 매끄럽게 수정하는 일이 번거롭고 별 의미 없다는 생각에 그대로 실었습니다.

1. 내가 이 글을 쓰는 이유

"웬 오지랖!"이지?

경력 33년, 머리는 하얀, 별명 할아버지 선생, 한때는 교육을 뒤집어 보자고 덤비기도 했다. 또, 한때는 승진해 보자고 섬에까지 가보고……. 이제 다 내려놓고 산 중턱에 걸린 마을에 들어가 돌을 주워내고, 시멘트를 말고, 온돌방 놓는다고 시행착오를 반복하면서 '그래도 땀 흘리는 즐거움을 하느님이 나에게 주시는구나!' 하고 개인적 만족에 충실하면서 살다가, 어쩌다가 이제 여기 혁신학교까지 흘러 들어왔다. '뭔가 열정적인 선생들이 많겠네. 한 10여 년 동안 세상에 대한 날카로운 끝을 벗어나 무디어진 의식을 일깨워 주겠네······.' 생각했다. 그런데 뭐, 뭔가 딱 잡히지 않았다(미안하네). 큭, '날도 더워지는데, 내가 뭐 하러 이런 고민을······.' 하며 고개를 저었다. '내 아이들만 잘 가르치면 되지······. 동기부여만 잘 하면 이렇게 잘 따라오는 애들도 참 오랜만인데.' 하고는 다시 아이들을 보기 시작했다. 큭큭큭. 1단계 받침 없는 글자 익히기, 2단계 받침 글자 익히기, 3단계 쌍자음, 모음 익히기······. '큭큭큭, 쌍둥이도 어르고 달래니 잘하네. 노래는 음정 박자 조금씩 다르지만 아주 즐거워하네.' 하며 아이들과의 재미에 젖어 있었다.

그러다가 문득 삶의 철학, 교육철학, 아니 이론을 떠나서 회의, 협의는 오래 하는데 뭔가 서로 겉돌고 있다는 자괴감이 올라왔다. 공감대가 없다. 뭘 위해 노력하는지······.

"다 그렇지. 뭘. 뒷방 늙은이로 있으면 편하지. 큭큭큭!"

그런데, 술을 먹으면 마음이 편해지지가 않았다. 여기저기서 2학기 교육과정 운영에 대한 이런저런 얘기가 들어 오는데, 오며 가며 생각해 보니 '한국의 아름다운 길'을 다니면서 끌려가게 생겼다. '스스로 바꾸지 못하면 바꾸려는 사람이 강제로 바꾸는 법이거든. 그거 아주 기분 나쁜 일이지.'하는 생각에 정신이 번쩍 들었다.

그래서 최진석 교수의 인문학 강의 중 '경계에 서라'라는 말처럼 '그대로 살기'에서 '정리하고 살기' 경계에 서기로 결정하였다.

2. 경계에 선다는 것

혁신학교?

학생들 입장에서는, 기존의 경쟁교육에서 벗어나 즐겁게 배우고 스스로 학교생활을 만들어 갈 수 있는 학교다. 선생들 입장에서는 교장, 교감의 일방적 지시에서 벗어나 가르치는 보람을 느끼면서 자기 성장을 해 갈 수 있는 학교다. 학부모 입장에서는 학교 교육에 참여하여 내 아이의 교육이 더 잘 이루어지도록 돕고, 자기 성취감도 만들어 갈 수 있는 곳이다. 지역의 입장에서는 아이들이 지역의 끌끌한 일꾼으로 뿌리 박는 일이다. 이건 그저 기대치일 뿐이다. 큭!

내가 딛고 있는 발 아래 들여다보기!

'지난 4년은 새로운 학교의 일정한 꽃을 피운 것 같긴 해.'

학교혁신의 기반을 만들기 위하여 교무회의가 나름 민주적이고, 학생자치를 위한 노력은 인정해 줘야 한다. 또한 학교 교육력을 높이기 위하여 전문적 학습공동체를 정상화하고, 마을 교육공동체 활동도 진행하였다. 교육과정, 수업, 평가를 일체화하기 위한 나름의 노력도 있었다. 어쨌든 이러한 노력의 결과 학생 수는 늘었고, 혁신학교로의 재지정을 받았으며, 선생들의 활동은 상당히 자유로워졌다.

'그러나 이제 경계에 선 거야.'

학교 운영 체제는 교장의 영향이 51%라고 생각한다. 왜냐하면, 비민주적이고 관료적인 교장일 경우, 이를 막아낼 수 있는 분위기와 조직화된 선생들이 없으면 민주적인 분위기를 만들기 어렵기 때문이다. 물론 혁신학교를 자원하는 교장들의 가치관이나 성향이 관료주의를 넘어서는 리더십을 갖추어 가는 분이 많기도 하지만 말이다. 그러나 아직도 현재 우리 교장 같은 분이 많지는 않다고 생각한다.

또 학습공동체는 정서적, 의식적 공감대가 마련되지 않으면 효과가 미미하다. 개를 물가에 끌고 갈 수는 있어도 물을 먹이기는 어렵기 때문이다. 학교마다 이루어지는 교사 학습공동체의 성과에 대해 나는 부정적이다. 획일성, 전체성을 띠고 있기 때문에. 자발성이 전제되지 않은 강제와 획일적 방식으로는 한 명도 변화시키지 못하기 때문이다. "뭘 두려워해? 처음엔 2명이라도 다시 시작하려는 노력이 필요하지. 난 내 노동에 보람을 찾고 싶소." 하는 알맹이가 필요할 뿐이다. 기존 4년 혁신학교 멤버들은 정서적인 공감대를 전제로 '긍정적 훈육 방법'을 통하여 교육을 바꿔보자 라는 의기투합이 있었지만, 이젠 새로 희망하지도 않고 들어온 선생들끼리 갑자기 마련되기는 어려운 법이다.

또 민주시민교육의 기치 아래 학생 다모임도 무엇을 하는지, 그 결과 학생들의 민주 의식과 학교생활에 대한 자율적 책임 의식은 높아졌는지, 작은 학교의 특성을 반영하는지, 매년 똑같은 방식으로 되는 건 아닌지……

'학생들이 다 모여 회의를 하면 학생 자치다?' 그건 그릇(형식)일 뿐이고, 나의 결정이 다른 사람에게 영향력을 미치는 것을 보고 내 결정의 소중함을 배우고, 더 나아가 더 큰 책임성을 갖게 되는 것이 자치 아닌가. 촛불 이후 민주주의는 내용과 형식이 공정, 책임, 자율, 공동체, 평등으로 확장, 실천되는 속에서 학교 안은 여전히 정체된 모습이다. 초등에서의

'학생 자치'의 내용을 고민해야 했다. '다모임'의 영향력을 어떻게 만들까에 대한 고민이 깊어졌다.

　영향력을 보조할 한 축인 선생인 나도 결정 사항이 뭔지 잘 모른다. 크크

　'마을 교육공동체?' 마치 체험학습을 마을 교육공동체로 착각하는 거 아닌지…….

　아이들이 마을에서 즐겁게 체험하면, 그게 마을 교육공동체고, 혁신학교다? 과연 그러한가? 전국에서 노인인구가 가장 많은 청양에서 지역을 알고 사랑해서 지역에 뿌리박는 삶을 만들고자 할 때에, 일회적 체험학습으로 그것이 만들어진다고? 지역의 학습장을 통한 체험학습은 '마을이 아이들을 함께 키우는 것', '마을이 아이들의 배움터가 되는 것', '아이들을 마을의 주민으로 성장시키는 것' 중 과연 어디에 해당하는 걸까?

　학부모 사업은 아예 포기? 아이들 상태를 봐서는 학부모 협력이 필수인데 파열구를 내려는 노력도 하지 않는다. 그릇은 금 그릇 혁신학교! 내용은 다 먹고 난 수박 덩어리다. 하긴 우리 학교만 이런 형편이라고는 생각지 않는다. 이러는 사이 말 없는 학부모들 덕분(?)에 초등교육의 기본이어야 할 것들은 기초부진, 교과 부진으로 나타나고, '역량' 중심의 교육은 요란한 구호로 접근할 수 밖에 없는 현실이 되었다.

　그러나 실망할 필요는 없다. 다만 경계에 서 있을 뿐이다. 이런 상태가 불편한 사람으로부터! 흔쾌히 내 보람을 찾아 생각하고, 학급 내에서라도 실천하는 사람으로부터!

3. 혁신학교의 방향

"혁신학교에 대한 답은 민주적 협의 문화, 학습공동체, 사람이 답이랍니다.
학교 실정, 구성원, 관심사가 다 다르기 때문에 공부를 해 가면서 집단지성을 동원하여 우선적인 과제를 찾아 실천해 가는 일"

― 2020 학교혁신 길라잡이(충남교육청) 중에서

참 어렵다. 경기도와 충남교육청의 혁신학교 단위 학교 평가보고서를 보니

가. 학교 운영 체제(민주적 의사결정, 업무 최적화, 학교 자치)
나. 학교 교육력 강화(학교 비전 공유, 교사 학습공동체, 학부모. 마을 교육공동체)
다. 교육과정, 수업, 평가 혁신(핵심역량기반 교육과정, 배움중심 수업, 과정중심 평가)의 일부 사례를 중심으로 적혀 있었다. 머리에 참 들어오지 않는다. 왜냐하면, 누가 정해진 답을 가르쳐 주는 것이 아니기 때문이다.

"혁신학교는 새로운 무엇을 만드는 게 아니다. 무엇을 덜어낼 것인가이다."

― 2020 학교혁신 길라잡이(충남교육청) 중에서

가. 관행화된 사업을 과감히 포기하고, 신선한 바람을 넣자.

　나는 혁신학교의 첫출발은 학급의 아이들 중심 교육이 되기 위하여 '무엇을 하기 싫은지'가 정리되어야 한다고 생각한다. 관행화된 행사, 자발성을 막는 관료주의(일방적인 지시, 불편한 분위기 조성) 체험과 다양한 프로그램으로 혁신의 내용이 채워지리라고 생각하는 안일함, 매년 관행화된 사업은 참으로 비교육적이다. (이젠 이마저도 코로나로 불가능해지긴 했지만…….) 예를 들면 입학식을 한다고 매년 케이크를 갖다 놓고 자른다. 큭큭큭. 한번 케이크 잔치했으면 신선한 뭔가 다른 거로 바꾸질 않는다. 편하니까. 나도 모르게 관성이 붙었으니까. 예를 들면 케이크를 놓고서라도 신입생이 들어올 때 선배들의 책임감을 늘려주기 위해서 잠깐 준비한 노래라도 한마디 해 주든지, 선물꾸러미를 준비해 가면서 나는 너를 이렇게 보살펴 줄게 말 한마디 해 주든지 해야 할 것이다. 행사는 신선하지 못하면 감동이 없고, 감동적이지 않으면 아이들의 성장은 기대하기 어렵고, 교육이라고 말하기 민망하게 된다. 창체도 엄연한 수업인데, 코로나로 인한 사회적 격리로 인해, 하지 않아도 된다고 하는 각종 사업은 왜 과감히 버리지 못하는가? 학급 아이들에게 가장 충실할 수 있는 절호의 기회를 왜 스스로 차버리는가? 관행화된 사업에 스스로 목을 매는 우리 자신의 관성적 의식!

　그래서 혁신학교의 초기 실천 결과는 아이들에게 초점을 두기 위하여 교사들의 낮은 자발성을 높이기 위한 학습공동체 운영, 관행화된 행사 중심의 사업인 각종 대회, 남발하는 상, 각종 기념식 등이 철폐되었다고 보여진다.

나, 그동안의 실천 오류를 좁혀 나가야 한다.

시계추는 왼쪽으로 간 만큼 오른쪽으로 가게 되어있다. 상벌제도의 전면 폐지는 그러한 예로 보여진다. 성과주의로 인한 무분별하고 획일적인 대회 참여, 이를 무한경쟁으로 내모는 교문 앞 현수막 홍보, 추진 과정에서의 업무 가중, 수업 결손……. 그러나 올바른 경쟁은 여전히 훌륭한 교육적 도구라고 생각된다. 상(賞) 하나로 동기가 유발되고 힘든 시기를 힘들게 견디고 있는 학부모들에게 교육적 의욕을 불어 넣을 수 있다면 좋은 일이 아닌가? 다만 성과주의를 늘 경계해야 하지 않을까!

또한 4년 동안 '긍정적 훈육 방법'에 대한 집요한 연수와 실천이 있었는데, 목적에 대한 재정립, 과정, 결과에 대한 정리가 필요할 것이다. (하긴 추진 구성원이 없어서 실질적인 평가는 불가) 새로운 이론이라 하여 우리 실정에 다 맞는 것은 아닐 것이다. 다소 이완된 자세로 우리에게 필요한 새로운 밑불이 될 장작이 무엇인지도 살펴봐야 할 것이다. 이질적인 구성원끼리의 공감대 확보 방안 1순위는 여전히 학습! 선생질하면서 평생 한 번은 빡 세게 공부해 보는 경험이 좋지 않는가?

다. 모래 위에 집을 짓지 말자.

초등교육은 기초교육, 기본 생활을 든든히 하는 단계이다. 특히 저학년은 더욱 중요하다. 이것이 전제되지 않고서 이루어지는 협력 수업, 하부루타 학습, 프로젝트 학습, steam교육, 기타 등등이 무슨 소용이란 말인가? 늘 다른 친구들에게 의존성만 심화시킬 뿐인 것을……. 다만 시대 정서에 맞게 재미있고 민주적이며 학부모와의 협력적 방법으로 실천하는 길이 있을 뿐이다. 이를 위해서는 모든 사업, 활동의 결과들이 이 목표를 달성하는데 기여하도록 해야 한다. 모래 위에 탑을 쌓을 수는 없는 법이다. 공부(工夫)란 인간을 만드는 일이다. 살아보니 올바른 공부란 '내 삶을 내가 스스로 꾸려 나가기 위하여 정신적, 경제적으로 자주적이 되는 일'인 것 같다. 학교생활에서 가장 중요한 줄기가 자주적인 인간으로서 자율과 공동체 등을 만들면서 스스로 해 보려는 의욕의 확산이지 않을까.

라. 필요하지만 잘되지 않는 사업에 대한 집중적인 노력이 필요하다.

'마을 교육', '학부모 사업' 이런 것이 꼭 필요한가? '마을 교육'은 철학의 문제인 듯싶다. 이곳 청양에서 자라 이곳에 뿌리박을 우리 아이들이 과연 현실적으로 얼마나 될까? 먹고 살 수가 없는데……. 이렇게 생각한 결과 대한민국 전체가 뜨내기 교육이 되었다. 사회의 변화는 어쩌면 수많은 사람의 의식적, 무의식적 노력과 실천이 풍부해지고 이것이 시스템화되었을 때였다. 충남 홍성의 풀무학교처럼 아이들이 자라 은행을 만들고 협동조합을 만들어 새로운 지역사회를 만드는 꿈……. (물론 이것도 하나의 사례이다.) 적어도 학년 수준에 맞게 마을을 배우고, 현재 봉사 체험활동으로 되어있는 마을을 위한 사업을 정교화하면서 지역자원을 끌어오기 위한 노력을 활발히 추진하여야 한다. 학교 중심의 학부모 사업은 이런 과정에서 비교적 쉽게 연계가 이루어질 듯하다. 3~4명으로 시작, 풍부한 사례를 검토하여 아이디어를 제공하는 것으로부터 자발적인 단초를 열어 주어야 할 듯하다.

마. 관료주의를 넘어선 학교 시스템의 올바른 정착

선생에게 가고 싶은 학교는 아이들일 것이다. 그런데 가고 싶지 않은 학교의 대부분은 학교 분위기이고, 학교 분위기의 태반은 관리자들의 태도일 것이라 생각한다. 어떤 관리자가 오더라도 관료주의로 인한 갑질(?)이 용납되어서는 안 될 것이다. 관료주의는 획일화, 성과주의, 무사안일을 동반한다. 매력형 리더십은 '사다리를 타고 높은 곳에서 글씨를 쓸 때, 잘 되었는지를 알 수 있는 방법은 낮은 곳에 있는 사람에게 물어보는 것'(신영복)이라 한다. 좋은 말이다.

바. 작은 학교, 농촌지역의 강점을 살려내자.

작은 학교의 최대의 강점은 아이들 수가 적다는 점이다. 한눈에 다 보이고, 아이들 하나하나에 맞출 수가 있다. 학년을 넘나들 수 있는 무학년제 프로그램이 가능하고 선배로서의 책임감을 쉽게 만들 수 있다. 농촌지역의 강점은 생태교육이 가능하다는 것이다. 이를 통해 생명의 소중함과 생명을 느낌으로써 나의 소중함을 느낄 수 있다. 그런데 이렇게 작은 학교도 여전히 학급의 교실 안에 묶여 있고, 학급 안에서는 개별적 눈 맞춤은 멀며, 도시적 삶을 살고 있다.

아이들에게 기본적인 이야기를 할 때 늘 잔소리처럼, 늘 묶여 있는 우리 집 '감자'(개 이름)처럼 가르칠 수는 없다. 경험하게 하고 그 효과를 눈으로 확인하는 과정이 필요하다. 예를 들면 전교 차원의 체험학습이 있으면 과감히 무학년제 조를 편성하여 사전 조장 교육을 하고 책임감을 주자. 아니면 의도적으로 무학년제 운영을 위하여 행사를 만들자. (예술제 대신 캠핑 같은 거) 머리를 맞대서 아이들끼리 '서로 가르치고 배우며'를 위한 마당을 만들어 주자.

삶의 힘을 배우는 행복한 동행 청송 교육
－교육과정 함께 만들기

교사 강나형

12월.

학교는 과정 중심 학생 성장 기록 결과 제출과 배움 성장 통지표 가정 통지, 생활기록부 작성과 3차 교차 검토, 안전과 생활 대책 등을 담은 학년말 방학 준비, 신입생 예비소집과 졸업장 수여식 준비, 각계 업무별 보고서와 정산서 제출 등 일거리가 산더미다. 거기에 당해 년도 학생, 학부모, 교직원을 대상으로 한 교육과정 운영 평가 결과 협의와 차기 년도 교육과정 운영 계획 수립 과정이 더해져 마치 하루를 사는 하루살이처럼 하루 하루 그날의 일정과 일거리들을 소화해냈던 기억이 있다. 청송초등학교에서 3년간의 12월이 여러 가지 의미로 특별하게 추억된다.

청송초등학교의 12월은 다른 학교와 비슷하면서도 조금 다르다. 대부분의 학교들이 한 해를 정리하고 학년말 방학을 준비하고, 마무리하는 분위기라면, 청송초등학교의 12월은 모든 교직원이 함께 새해의 교육 가치와 비전과 목표 등을 협의하고 새 교육과정을 세우고 공유하는데 의미가 크다.

"우리 학교 학생들에게 진짜 꼭 필요한 것이 무엇일까요?"
맑고 또랑 또랑한 명실상부 청송초의 퍼실리테이터 '이가영 선생님'의 목소리가 협의장에 울려 퍼진다. 일순간 모든 교직원들이 곰곰이 되돌아보고, 미리보고, 고민하는 시간. 기대되는 순간이다. 그리고는 알았다는 듯이 삼삼오오 포스트잇에 유성매직으로 각자가 생각하는 가치와 덕목, 목표, 활동 등을 자유롭게 담아낸다. 자칫 중구난방인 것 같지만 브레인스토밍의 발상이 그러하듯 어느 순간 일목요연하게 정리가 되고, 공통의 가치와 덕목이 드러난다.

올해는 '성장', '동행', '꿈'이다. 교직원 모두가 같이 찾아낸 가치이다.
이제부터는 팀별로 움직이기 시작한다. 업무 성격 등을 고려해 3개의 팀을 만들어냈다. 그랬더니 소모임에서 '바르고 힘찬 성장', '행복한 동행', '같이 즐기는 꿈'이라는 교육 목표를 세우고, 중점과제와 실천 내용 등을 담아냈다. 그러고는 1차, 2차, 3차… 바꾸고, 수정하고, 공유하기를 계속. 드디어 모두가 같이 고민한 알짜배기 새 교육과정 '삶의 힘을 배우는 행복한 동행 청송 교육'이 만들어졌다.

'같이 만들면 시간도 오래 걸리고, 의견 모으기가 어렵지 않나?'
'같이 만드니까 누가 알까 무섭다'. '왜 진즉 이런 시도를 해보지 못했지?'

등의 질문과 깨달음의 과정을 겪으며 제일 좋았던 것을 꼽으라면 업무 효율성이다.

각자의 업무와 상황에 따라 각개전투하는 방식이 아니라 교육목표, 중점과제와 실천 내용 등을 같이하니까 중복되는 업무는 줄이고, 성격이 비슷한 업무는 서로 연계해서 '몸성장주간', '마음성장주간', '하나됨주간', '꿈을job아라주간' 등으로 엮어서 몰입교육과정을 시도해 볼 수 있었다.

두 번째로는 '더 나음?'
같이 만드니 집단 지성이 발휘되어 '더 나음'으로 발전했다. 쳇바퀴 돌 듯 바쁜 교사들의 일상 속, 때로는 생각할 여유도 없는 순간이 많다. 적어도 교육과정 만들기 시간을 함께하면서 이 시간에는 모두가 '우리 학교, 우리 학생들에게 필요한 것'이라는 하나를 주제로 고민하고, 생각을 나누는 가운데 더 나은 생각으로 발전하고, 사업도, 사업을 담은 말까지도 정선되고 다듬어졌다.

개인적 소견으로 함께 만드는 교육과정의 좋은 점으로 세 번째는 '책무성'이다.

아무래도 구성원 모두가 교육과정을 같이 만들다 보니 구성원들의 교육 목표와 중점과제, 추진 내용 등에 대한 이해도가 높아지고, 공감도가 높아지고, 협조도 높아졌다. 우리 손으로 만들었으니 '네 것', '내 것' 가리지 않고, '우리 것'로 모두가 책임감을 갖고 협력하고, 소통하며 일을 하게 되었다. 그 과정에서 이런 교육도 저런 교육도 경험하고 배워보는 계기가 되기도 하고, 소통하는 가운데 즐거움이 생기기도 했다.

처음에는 혼자 해오던 교육 방식이 거절당하는 것 같아 낯설고 야속할 때도 있었지만, 지나고 보니 이런 큰 경험과 배움도 없었다. '우리 학생들을 위한 참교육'을 위해 학교 현황도 고민해 보고, 학부모의 교육 참여를 높이기 위해 다양한 소통 채널도 만들어 보고, 학생, 학부모, 교직원 모두가 '우리에게 필요한 것들'을 고민하며 '우리 교육과정'을 만들고자 노력했던 과정들이 정말 멋진 일이었다.

한 송이 국화꽃을 피우기 위해 봄부터 소쩍새는 그렇게 울었고, '삶의 힘을 배우는 행복한 동행 청송 교육과정'을 만들고 운영하기까지 모든 순간을 함께한 '동료'들의 얼굴이 떠오른다.
"참 많이 고마웠습니다."

혁신학교 업무지원팀 운영기

교사 김소라

"이번에는 혁신학교에서 꼭 필요한 업무지원팀을 만들었으면 좋겠습니다." 혁신학교에 근무한지 어느덧 4년차, 혁신 업무를 하고 있지 않았지만, 부장교사도 아니었지만, 학교의 구성원으로 꼭 필요하다고 생각했던 것이 업무지원팀이었다. 작은 학교이기에 교사 한 명당 맡게 되는 업무량이 컸고, 교사가 좀 더 학급 운영과 수업에 집중할 수 있는 환경을 만들기 위해서는 업무지원팀을 꾸리는 것이 필요하다는 생각 때문이었다. 그래서 2월 업무분장을 하는 회의에서 자신있게(?) 의견을 내놓게 된 업무지원팀. 그리고 그 의견을 냈던 나는 교과전담을 맡고, 업무지원팀이 되었다. 업무지원팀에는 교감선생님, 부장교사, 전담교사 등이 함께하였다.

업무지원팀의 일은 학기초 업무분장을 하며 정했다. 담임선생님들께서 학급 운영에 집중하실 수 있도록 행정적 요소가 많은 업무, 단순 현황 보고나 안정적 학급 운영 시간에 차질이 생길 수 있는 방송, 홍보와 같은 업무는 지원팀이 맡기로 하였다. 교무, 방과후 등 굵직한 업무는 부장선생님들께서 하셨지만 학급을 운영하고 계시기에 최대한 학급 운영에 부담이 없도록 교감선생님 및 전담교사가 업

학교 행사 지원

학교 홍보물 제작

무의 효율성을 키우고 불필요한 부분은 없앨 수 있도록 고심하며 운영하였다.

업무지원팀을 하면서 이점은 전담 수업이 적다는 점이었다. 그래서 전담 과목에 더 연구하고 집중하여 지도할 수 있어 학생들과 프로젝트형 수업, 실험 및 보고서 작성 등 다양한 활동을 할

SNS를 통한 학교 달력 안내

수 있었다. 하지만 아무래도 업무지원팀이기에 업무량은 꽤나 많았다. 하루에 열 건이 넘는 문서를 접수하고 생산하는 등 일이 몰리는 날도 있었다. 그래도 담임교사가 수업 및 학급 운영에 집중할 수 있고, 업무지원팀 협의 하에 행정 업무는 효율적으로 할 수 있다는 것이 보람차게 느껴졌다.

혁신학교는 민주적인 협의 문화를 토대로 운영되기에, 업무지원팀을

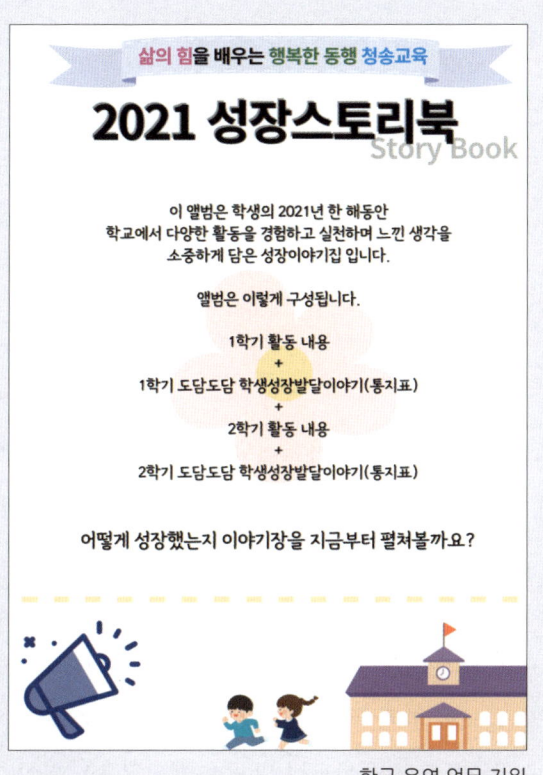

학급 운영 업무 지원

운영하기 위해서는 학교 구성원 간의 동의가 필수적이다. 업무지원팀이 지속적으로 운영되기 위해서는 학교의 특성을 생각하여 구성원과의 충분한 상의를 통해 업무를 어떤 방식으로 지원할 것인지 체계를 다지는 것이 필요할 것이다. 한두 사람의 힘으로는 역부족이다. 구성원이 함께 고민할 때 안정적인 업무지원팀 운영이 가능하다고 생각한다.

삶의 힘을 배우는 문화예술교육

교사 김종오

  2020년 3월 1일부터 청송초등학교에서 새로운 근무를 시작하였다. 부임 전 2020년 2월에 있었던 교육과정 함께 만들기 주간에 같이 참여하면서 느낀 점은 교원들 간에 교육과정 편성, 교육 행사의 실제적 운영, 학생 중심 과정 중심 평가, 교원 전문성 신장 등의 영역에서 효율적인 운영 방법을 강구하고자 협의를 많이 하였고, 교원들 간의 의사 소통을 중요시하는 점이 다른 학교와 다른 특징이라고 생각되었다. 부임을 한 이후 3년 동안 주업무로 방과후학교 돌봄교실 및 문화예술교육을 맡아 계획 수립, 운영을 해보면서 삶의 힘이 되는 청송 교육으로써 학생, 학부모 및 교원들과 함께한 문화예술교육에 대해 말해보고자 한다.

  문화예술교육은 청송초등학교 교육과정의 세 번째 교육목표 '같이 즐기는 꿈' 영역의 주된 교육 활동으로 학생들이 문화예술을 즐기며 아름다운 꿈을 가지도록 해주는게 중요한 목표이다. 문화예술교육에 대하여 다양한 교육 활동을 편성하기 위해 매학년도 말 전 교원이 참여하는 교육과정 평가회를 통하여 교육적 효과를 고려한 실천 가능한 문화예술교육 활동 편성 및 운영 계획 수립에 철저히 준비를 하였다.

　지속적인 평가회를 통해 학교 교육 철학인 삶의 힘을 배우고 공동체의 꿈을 키우는 교육의 목표를 이루기 위해 학생들의 문화적 소양과 예술적 감수성을 키워주는 교육 활동을 마을 교육과 연계하여 고민을 하였고 학생들의 삶에 학교, 마을, 더 넓은 지역 사회에 대한 상호 연관성을 만들어 주는 문화예술 교육과정을 편성하였다.

　특히 2021학년도는 전학년도의 충분한 준비 과정을 바탕으로 청송초등학교 혁신학교 2기 교원들을 중심으로 다른 학년도보다 문화예술교육이 활성화가 된 해였고 청송초등학교가 본격적인 문화예술교육의 중심 학교로 돋보였던 해였다. 우선 연 2회 학교 교육과정 설명회를 통해서 문화예술교육 관련 실천 목표, 중점 과제를 교장선생님께

학교교육과정 문화예술교육 활동 안내

서 학부모를 대상으로 연수를 하였고, 학생들에게도 새 학년도 첫날에 문화예술교육과 관련된 교육과정 목표를 알아보고 이야기를 나누어 보는 시간을 가져보았다.

문화예술교육에 대한 학생들의 예술적 소양을 꾸준하게 향상시키기 위해 마을 교육자원을 활용한 발레 및 연극 자율 학생 동아리를 운영해보았다. 이전 학년도에도 발레와 연극동아리가 운영이 되었지만 전과 다른 점은 외부적으로 청송초등학교의 문화예술 학생 동아리의 활동 모습을 알리는것 이었다. 발레 동아리의 경우 청양 지역 내 다양한 마을 축제에 참여하여 청송초등학교를 널리 알릴 수 있었고 지역 사회에 기여하는 학생 중심의 문화예술 교육을 실천하였다. 연극동아리는 연중 다양한 상황에서의 창의적인 발화 및 신체 표현 능력 신장 교육, 공동체 대인 관계 증진을 주제로 한 대본 작성, 공연 연습을 통해 청양군 학생연극축제에 참여하였고, 서로의 꿈을 응원해 주는 창작 이야기를 주제로 하여 초등부 1위의 성과를 거둘 수 있었으며 충남학생연극축제 우수학교로 선정되었다. 문화예술교육 기반 학생 동아리 활동을 통해 문화예술교육에 대한 학생들의 충분한 교육 기회를 제공하여 교육 불평등을 해소시켜주는 의의를 가질 수 있었다. 그리고 학생들은 마을 교육공동체의 구성원으로서 같이 배우고 즐길 수 있는 문화예술교육을 실천하여 학교 및 마을에 대한 책임감 및 자존감을 키울 수 있었다.

또한 문화예술 공모 사업을 신청하여 2021학년도 6월과 7월에 걸쳐 미술 교과 연계 서예교실을 집중 운영했다. 미술 교과 운영에 있어 등한시 되기 쉬운 서예 수업은 학생들이 바른 마음을 기르고 맞춤형 재능을 계발

문화예술 교육 목표 이야기 나누기

연극 동아리 공연

발레 동아리 공연

학생들은 마을 교육공동체의 구성원으로서 같이 배우고 즐길 수 있는 문화예술교육을 실천하여 학교 및 마을에 대한 책임감 및 자존감을 키울 수 있었다.

흥이 있는 전통 국악공연

하는 데 크게 기여를 하였다. 학생 및 학부모들에게 멋과 흥을 나누는 전통 국악공연을 학기별 1회씩 편성하여 운영하면서 우리 전통 문화예술교육의 아름다움을 발견하도록 하는 기회를 제공하였다. 국악 공연의 수준이 높아 학생과 학부모의 만족도가 아주 높았고, 모두가 다같이 전통 음악에 대한 이해를 한 단계 더 높일 수 있었던 기회였다.

교원들의 문화예술에 대한 역량을 함양하기 위해서 전문적 교수 학습 공동체와 연계하여 장구 동아리를 운영했고, 청송초등학교는 제4회 충청남도 사제동행 풍물놀이 한마당 중심교로 참여하면서 계획 수립 및 실행 추진을 하였고 충청남도 내 전통 문화예술교육 활성화에 기여하였다. 그리고 교원들에게 예술 교과 지도에 대한 이해 및 수업 적용을 위한 전문가 초청 연수 기회를 제공하였고, 학교 예술 강사 사업과 연계하여 무용, 국악, 디자인 영역을 주제로 하여 교원과 보조

교사 장구 동아리

강사들의 문화예술교육에 대한 협력 수업을 지원하면서 예술 교과에 대한 교원의 역량 향상을 위한 전문성 신장의 기회를 제공하였다.

학생들에게 맞춤형 예술적 감성 진로 탐색을 위한 방과후학교 돌봄교실 연계 문화예술 프로그램도 운영하였다. 문화예술교육에 대한 학생, 학부모의 교육적 수요를 반영하여 사물놀이, 피아노, 우쿨렐레, 댄스, 난타 등의 방과후학교 돌봄교실 프로그램을 연중 운영하며 가정에서의 소외될 수 있는 문화예술에 대한 사교육비 경감에 기여하였고, 학생들은 문화예술에 대한 자신의 꿈과 끼를 표현하는 기회를 가질 수 있었다.

2021학년도 청송초등학교는 학생, 학부모와의 신뢰적 관계를 바탕으로 교육적 만족도를 높일 수 있는 문화예술교육 활동 주제를 편성하여 운영하면서 문화예술을 즐기는 교육 문화를 만들어 내었다. 학생들은 문화예술교육을 통해 자신에 대한 문화적 소양과 진로 탐색, 생활 속에서의 예술 교육 즐기기에 대한 능력을 키울 수 있었고, 정서적 감수성 신장에도 도움이 되어 서로의 다양성에 대한 존중과 바른 이해를 높일 수 있었다. 또한 마을 교육자원을 활용한 문화예술교육 운영을 통해 더불어 살아가는 마을 교육공동체를 중심으로 문화예술 교육력 강화를 실천하면서 농어촌 작은 학교의 강점을 키울 수 있었다.

마을교육을 실천하는
어깨동무 도담도담 학부모회

교사 김종오

    2020학년도부터 청송초등학교에 부임하여 근무를 시작하였을 때 학생 및 학부모 현황을 보고 전에 근무를 했던 다른 농어촌 작은 학교보다 경제적, 문화적 소외 계층의 비율이 높다는 것을 알게 되었다. 특히 학부모들의 자녀에 대한 관심이 현저하게 적었고, 이로 인하여 학생들의 교육 활동에 대한 의욕도 부족했으며 자존감도 낮았다. 혁신학교로서 이전 기간 동안 청송초가 만든 교육적 기반을 통해 보다 더 학생 중심의 실천적인 교육 활동을 전개하기 위해 혁신학교 2기 교원들은 학생의 교육 활동에 대한 자발적인 의욕과 참여도를 높일 수 있는 방법에 대해 지속적으로 고민을 하였으며, 해결 방법으로써 학부모회를 활성화시켜서 학부모회를 교육과정 운영에 대한 협력자, 참여자로 역할을 부여하는 것이 필요하다고 생각했다. 2020학년도부터 학부모회 구성 및 교육과정 내에서의 학부모 참여도를 높이기 위해 본격적으로 노력을 하였고, 2023학년도에는 학부모회의 자발적인 교육과정 운영

지원 모습이 눈에 띄게 향상이 되었다.

　2023학년도 3월 교육과정 설명회와 연계하여 체계적인 학부모회 운영을 위해 학부모를 초청하여 학부모들의 학교 참여 활성화 방안을 협의 했고, 교육과정 일정에 학부모가 참여할 수 있는 교육 활동 주제를 선정하여 반영하였다. 학부모회의 이름도 자녀의 교육을 돕는다는 의미로 '도담도담'이라는 표현을 사용하여 '청송초 어깨동무 도담도담 학부모회'로 명칭을 재정비 하였다.

　학부모회의 활발한 운영을 위해 '청양군 학생·학부모 참여예산 사업'을 운영하면서 매주 목요일 저녁 시간을 활용하여 학생, 학부모 배드민턴 교실을 운영하였고, 교육 가족의 참여 및 가정에 대한 교육 복지 증진을 도모할 수 있었다. 또한 배드민턴 교실 운영을 통하여 학부모들은 학교 교육과정 운영 지원에 대한 자연스러운 소통의 장을 만들 수 있었으며, 이를 계기로 학교 교육과정 운영에 대한 학부모들의 관심을 높이고 참여할 수 있는 실제적인 방법을 교원들과 이야기 나눌 수 있었다.

　학부모회와 함께하는 교육과정 지원의 첫 활동으로 2023년 5월에 학부모회와 연계하여 학년 단위로 학부모 교육 기부 수업을 담임 교사와 협력 수업으로 운영해 보았다. 진로, 음악, 미술, 실과, 체육 교과에서 학년에서 운영이 힘든 주제를 선정하여 참여 학부모의 특기를 살려 담임 교사와의 협력 수업을 운영하였고, 학부모가 참여를 하게 됨으로써 학생들의 교육 활동 참여에 대한 의욕이 높아졌으며 담임 교사와의 협력 수업 준비를 하면서 교원과 학부모 간의 자연스러운 의사 소통의 기회를 가질 수 있었다.

학부모 교육 기부 수업

　월별로 1-3학년을 대상으로 엄마, 아빠와 같이 책을 읽는 활동을 운영하면서 독서 습관 기르기, 독후 생각 나눔 및 표현 활동을 지속적으로 운영하였다. 도서를 선정할 때도 1-3학년 담임 교사와의 사전 협의가 이루어졌으며 인성, 진로, 환경 관련 도서를 선정하여 학생들에 대한 교육적 효과도 고민해 보았다. 환경 교육 관련해서는 2021학년도부터 운영을 시작한 학교 텃밭을 학부모들과 같이 운영해 보았고, 학생들의 텃밭 교육 활동에서도 학부모들의 교육 기부 및 봉사 활동이 이루어지도록 해보았다. 특히 텃밭 운영을 해보면서 주말 가족 텃밭을

아침밥 먹기
홍보 활동

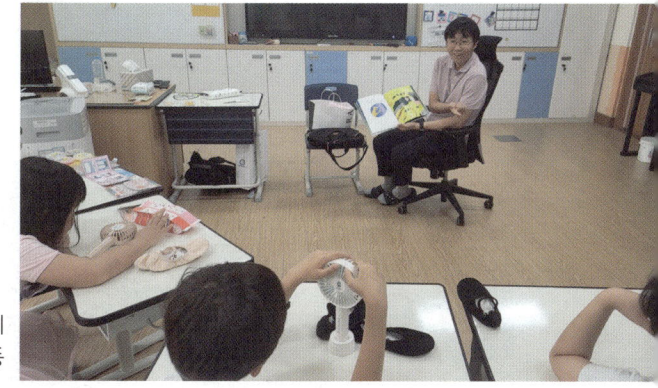

아빠와 함께
책 읽기 봉사 활동

운영해 보았으며, 가정 별로 자녀와 함께 텃밭을 가꾸어 보면서 가정 안에서 자연스럽게 인성 교육이 이루어지는 교육 환경을 만들 수 있었다.

학생들에 대한 건강한 식습관 형성과 보건 교육을 위해 학기별로 1회씩 아침밥 먹기 홍보 활동도 운영을 하였다. 학부모회에서 학부모회 운영에 대한 예산을 바탕으로 아침 식사와 학생 교육 자료를 만들어 학생들에게 양질의 보건 교육을 실시하였다. 무엇보다도 학생들 입장에서는 학교 교육 활동에서 다양한 지원을 해주는 학부모들의 진심 어린 모습을 보면서 자연스러운 정서적 감수성 신장의 기회를 가질 수 있었다.

교육과정 운영에 있어 학기별로 중요한 교육 행사에서도 학부모회의 참여도를 높일 수 있었다. 우선 1학기 체육대회 운영에 있어서 학부모들은 급식 준비 및 모니터링을 지원해 주었고, 체육대회 프로그램 운영에 있어서 협력 지원을 이끌어 내면서 교육 가족 축제로 체육대회를 운영할 수 있었다. 2학기 학예회의 경우 학부모회 주도로 마을 교육 활성화를 위한 다양한 교육 활동 체험 부스를 운영해 보았다. 수제청 만들기, 전통놀이, 보물 찾기, 음식 만들기, 사진찍기 체험 부스를 운영해 보면서 학부모들의 교육과정 운영의 효율성을 높여주는 교육 기

교육 활동 급식 지원

마을 연계
교육 활동 체험 부스

부 활동을 운영할 수 있었다. 또한 2학기 교육공동체가 참여하는 청송알뜰시장 교육 활동을 운영해 보았고, 청송알뜰시장 교육 활동은 경제, 인성, 진로, 마을 교육 영역에서 학생들의 교육적 효과를 높이는 방법에 대해 학부모회의 다양한 의견을 반영하여 내실 있게 운영할 수 있어서 의미가 있었다.

1년간의 청송초등학교 어깨동무 도담도담 학부모회의 활동 모습을 보면서 학부모들이 가진 교육 자원, 역량을 바탕으로 교육 활동의 조언자, 협력자, 참여자로 이끌어 내었고 체계적인 마을 교육공동체 문화를 만들 수 있었다. 학생들에 대한 인성 교육의 일환으로 학생들은 삶의 힘을 키우는 교육 활동의 주인공이 될 수 있었고, 자신들을 응원해 주는 학부모, 선생님, 마을의 중요성을 알게 되었다. 특히 학부모회의 활발한 참여를 통해 교육과정 운영에 대한 효율성이 높아졌기도 했지만, 학부모들은 학교 교육과정 운영에 있어서 학부모들의 변화된 모습이 학교를 어떤 모습으로 바꾸어 주는지를 잘 알게 되었다. 청송초 어깨동무 도담도담 학부모회 운영 사례를 통하여 청송초등학교의 교육 철학인 공동체의 꿈을 키우는 모습을 모두가 같이 만들었다는 데에서 의미를 둘 수 있었고, 앞으로 청송초등학교는 학부모, 학교, 마을이 보다 더 발전적이고 협력적인 관계 속의 마을 교육공동체를 만들어 나가길 기대해 본다.

학생자치로 피운 푸른솔 청송 문구점

교사 김소라

"학생참여예산으로 어떤 활동을 하면 좋을까요?" 다모임 리더의 물음에 학생들이 다양한 의견들을 제시하였다. '우리 학교 라디오 사연', '학생쉼터 만들기', '건강관리실 만들기' 등 팝콘 터지듯 톡톡 튀는 여러 가지 의견이 나오는 와중에 한 학생이 의견을 제시했다.

"우리 학교도 매점이 있으면 좋겠어요!"

많은 아이들이 "나도!", "나도!" 하는 동의의 목소리가 터져나왔다. 다모임 담당자로 촉이 왔다. 아 이번에는 매점이구나! 하지만 한 학생이 손을 들고 꼭 말할 게 있다고 하였다.

"먹을 거는 상할 수도 있고 맛없는 게 있으면 사가는 사람도 없어요. 우리가 필요한 물건을 살 수 있게 문구점으로 하면 좋겠어요."

투표를 했다. 결과는 문구점 승! 학생들은 결과에 동의했다. 이전에도 특별실이나 교실에서 쓰는 문구류를 어떻게 써야 하는지 다모임에서 학용품 사용 예절 교육도 했기에 문구류를 살 수 있는 문구점이 생기는 것에 좋아했다. 하지만 예산이 넉넉하지 않았기에 상시 운영은 어렵고 성탄절이 있는 주간에 문구점을 열 수 있도록 준비하기로 했다.

문구점 운영을 준비하면서 아이들은 설렘과 기대로 가득했다. 각 조에서 문구점 운영 계획을 만들 사람, 학생들이 필요로 하는 문구를 조사할 사람, 물건을 사올 사람, 판매할 사람 등 각자의 역할을 정하고 일사분란하게 움직였다.

"문구점에서 쓰는 돈은 어떻게 해요?" 학생참여예산으로 문구점 운영에 필요한 물품을 사고, 문구점에서 물건을 구입할 때 쓰는 가상화폐를 어떻게 할지 고민하였다. 학생들의 의견만으로는 부족하여 교직원 회의를 통해 최종적으로 학급에서 칭찬쿠폰을 주면 이를 12월에 가상화폐로 환전하여 쓸 수 있도록 결정하였다.

문구점의 운영은 성공적이었다. 학생들이 스스로 운영 기획을 하면서

푸른솔 문구점 오픈 준비

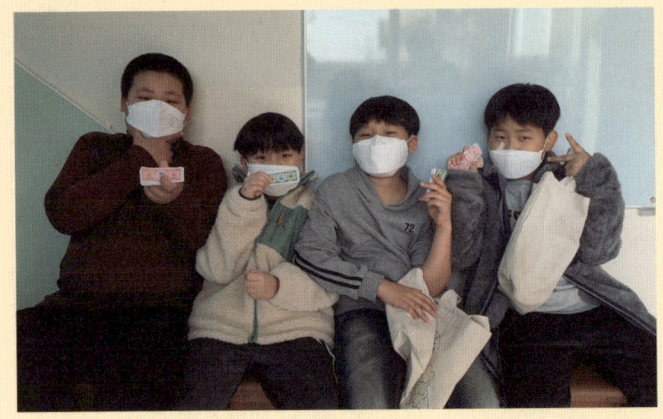

문구점에서 쓰는
가상화폐 들고 찰칵

물건을 사고 파는 아이들

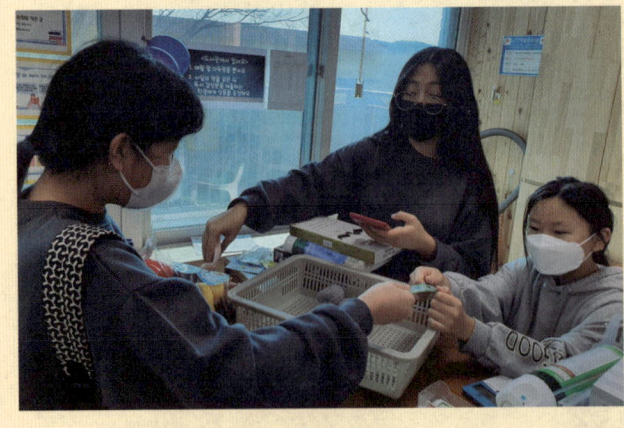

문구점
계산대에서 계산해요

발생할 수 있는 사고(?)들을 예상해서 문구점 이용 규칙을 정했다. 그리고 판매하는 사람들은 우선적으로 물건을 한두 가지 고르도록 해서 판매하느라 자신이 원하는 것을 사지 못하는 아쉬움을 달랠 수 있도록 하였다. 성탄절이 있는 주였기에 문구점 분위기는 성탄절에 맞게 캐롤도 틀고, 트리와 눈송이 장식도 하였다. 아이들은 즐겁게 문구점을 이용하고 물건을 샀다. 판매하는 아이들도 자신이 맡은 코너의 물건이 팔릴 때마다 기뻐했다. 계산대 담당 아이들도 친절하게 고객 아이들을 응대했다.

 문구점 운영으로 얻은 교육적 효과는 꽤나 컸다. 자연스럽게 경제 교육, 창업 교육에 참여했고 구성원 간에 협력과 소통은 필수라는 교훈도 얻었다. 고객의 수요를 제대로 반영하지 못하면 팔리지 않은 물건으로 인해 금전적 손실도 생긴다는 걸 알았다. 그 밖에도 학생들마다 경험을 통해 얻은 배움은 저마다 다를 것이다. 서툴러도 함께했고, 스스로 주도적으로 했기에 뜻깊었을 것이다. 즐겁고 행복했던 기억이었기를.

얘들아, 놀러 가자 —나들이 프로젝트

교사 이상희

2021년 청송초에 전입한 첫 해 나는 1학년을 담임하게 되었다. 1년간 아이들과 함께 공부하며 좀 더 책을 벗어나 많은 경험을 하며 공부를 하면 좋겠다고 생각했다. 그리고 그 다음 해 이 아이들과 2학년을 한 번 더 함께하게 되었다.

"얘들아, 놀러 가자!" 이 말이 전해지자 아이들은 즐거운 나들이를 떠날 준비를 하며 설렘 가득한 표정을 지었다. 사실, 이 말 속에는 "공부하러 가자"는 숨겨진 의미가 있었다. 나는 아이들에게 단순히 즐거운 나들이를 떠나자고 말했지만, 그 속에는 다양한 경험을 통해 배우고 성장하자는 의미가 담겨 있었다. 즐겁게 놀면서 배우고, 그 과정에서 얻은 지식과 감정을 글로 표현해 보고 싶어 이 나들이 프로젝트를 진행하였다.

우리 반 아이들은 대부분 여행이나 나들이 경험이 많지 않았기 때문에, 나는 한 달에 한 번씩 특별한 체험을 준비했다. 아이들이 새로운 세상과 다양한 직업, 자연, 문화, 역사 등을 경험하며 배울 수 있도록 하고 싶었다. 그리고 각 체험은 국어, 통합, 진로 등 여러 교과목과 자연스럽게 연계되도록 계획했다. 아이들에게 새로운 세계를 소개하고, 다양한 경험을 통해 실생활에서 배우는 기회를 제공하려는 마음이었다. 우리가 한 몇 가지 체험만 소개를 해 보자면~.

첫 번째 체험: 농업기술센터 방문

우리 반 첫 번째 체험은 농업기술센터를 방문하는 것이었다. 농업기술센터는 우리반 학생의 아버지가 근무하는 곳이다. 아이는 아빠의 직업을 직접 체험해보며 아빠에 대한 이해를 더욱 깊게 할 수 있었다. 또 다른 아이들은 농업기술센터에 있는 직업에 대해 배우며, 우리 마을에 있는 직업에 대해 알 수 있었고 진로에 대한 생각도 넓히는 시간을 가졌다. 농업기술센터에서 농업에 대한 정보를 배우고, 이를 바탕으로 아이들은 농업기술센터 안에서도 다양한 직업이 있다는 사실에 대해 배울 수 있었다. 이 체험을 마친 후, 다음날 국어 수업에 '시간의 순서'를 배우며, 일어난 사건

농업기술센터에서 하는 일이 무엇인지 설명해 주시는 학부모님과 우리 아이들

들을 시간순으로 정리하는 방법을 익혔다. 이날의 첫 체험에서 마지막 체험을 할 때까지 아이들은 실생활에서 경험한 내용을 잘 정리하고, 시간의 순서로 글로 표현하는 방법을 배우는 기초를 닦았다.

두 번째 체험: 봄꽃을 이용한 떡 만들기

두 번째 체험은 봄을 맞이하여 봄꽃을 이용한 떡 만들기였다. 아이들은 연두색 티셔츠를 맞춰 입고, 봄꽃을 수집한 후 떡을 만드는 체험을 했다. 봄꽃을 활용하여 만든 떡은 그 자체로도 특별했지만 스스로 만들었다는 생각에 선뜻 만든 떡을 입에 넣지 못했다. 저마다 집에 가서 가족과 함께 봄을 나누고 싶어했다. 이제는 조금 따뜻해지는 날씨에 떡이 상할까 걱정이 되었지만 아이들의 기특함을 지켜주고자 시원하게 잘 포장해 와서 무사히 집으로 떡을 보냈다. 통합(봄)과 국어 수업을 이용한 봄나들이는 봄의 느낌을 창의적으로 표현하고, 봄을 느끼는 다양한 방법을 알게 해준 체험이었다.

떡 만들 준비에 설레는 우리반

봄꽃을 이용한 떡 만들기   체험학습 다음 날 그림으로 표현한 모습

세 번째 체험: 기상청과 백화점 체험

　기상청과 백화점을 다녀오는 체험은 날씨와 기후에 대한 중요성을 배우는 기회였다. 기상청에서 날씨와 기후변화의 심각성에 대해 배우고, 기상청에서 이루어지는 작업들에 대해 들었다. 체험학습을 가기 전 사계절 날씨의 특징에 대해 미리 조사한 뒤 기상청에서 자신이 조사한 것을 바탕으로 기상캐스터 체험을 해 보았다. 조금 긴장한 아이들도 있었지만 자신이 조사한 내용을 또박또박 읽으며 정말 기상캐스터가 된 듯이 잘 읽는 아이들도 있었다. 기상청에서의 체험을 마치고 백화점에서 도시 문화를 경험하며, 소비와 기회 비용에 관련된 체험을 해보았다. 자신이 가진 용돈으로 한 가지 물건을 제한해서 사야 했기에 아이들은 많은 고민을 한

뒤 원하는 한 가지 물건을 구입했다. 부모님과 함께 갈 때는 마음껏 살 수 있었지만 우리는 체험학습을 왔기에 맘껏 살 수 없다는 조건을 붙였더니 아이들이 물건을 살 때 많은 생각을 한 뒤 구입하는 모습이 너무나 귀엽고 기특했다. 아이들은 기후변화의 심각성에 대해 알게 되었고, 더 나아가 환경 문제와 경제 관념까지 생각해보는 소중한 시간이었다. 기상청에서 배운 내용은 국어 수업에서도 다른 기후 관련 글쓰기로 연결되었으며, 백화점에서의 체험은 소비의 중요함을 알게 된 시간이었다.

기상청에서 날씨 예보에 대해 설명해 주시는 것을 경청 중

뭘 사야할까??
이것도 사고 싶고 저것도 사고 싶은 아이들

계절별 날씨의 특징에 대해 알아보고 날씨 책 만들기

체험학습 다녀와서 시간의 순서에 맞게 글쓰기

네 번째 체험: 해수욕장 체험

여름책에서 아이들이 가장 관심 있어하는 내용은 역시나 물과 관련된 것이었다. 1학년 때부터 아이들이 여름이면 물놀이 노래를 불렀던 이유도 있었지만 바다를 한 번도 못 가 본 아이가 있어서 2학년 초 이 프로젝트를 계획하면서 꼭 아이들과 바다에 한번 가 봐야겠다고 생각했다. 학교 도서관에서 바다에 사는 동물들에 대해 알아보고 바다에 관한 책도 아이들과 함께 읽어 보았다. 내가 좋아해서 아이들과 함께 읽은 책이었지만 자꾸 읽다 보니 아이들도 정들었는지 『할머니의 여름휴가』를 재미있게 읽었다. 이렇게 도서관에서 내가 의도한 책들을 함께 읽은 아이들은 조금의 세뇌(?)를 통해 우리가 읽은 책들의 공통점으로 바다를 찾았고 모두가 바다를 가고 싶다는 생각에 다달았다. 그래서 여름 체험으로 우리는 해수욕장에 가기로 결정했다. 물놀이와 모래놀이를 즐기며, 아이들은 친구들과 신나는 경험을 하고, 게도 잡아보는 체험을 하며 어부의 마음을 조금 이해하는 시간도 가졌다. 물놀

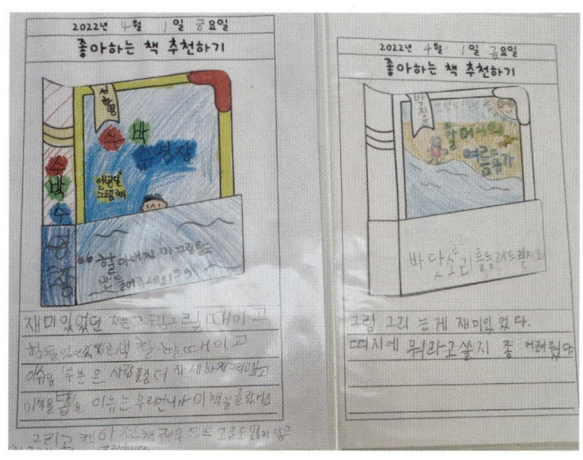

여름이 시작되기 전부터 읽은 여름책들

이 후 치킨을 먹으며 같이 먹는 즐거움도 알게된 소중한 경험을 하였다. 아이들은 함께하는 기쁨과 협력의 중요성을 배웠으며, 다음날에는 인상 깊었던 일에 대해 이야기해 보고 시간을 나타내는 말을 이용하여 글을 써 보는 시간을 가졌다.

와~~ 바다다!!!!!

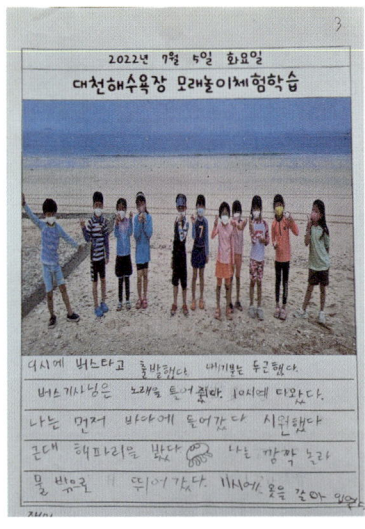
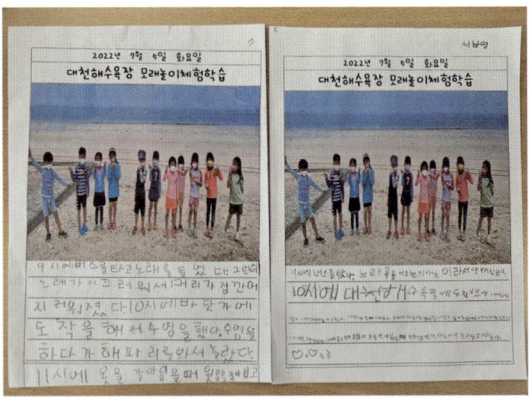

시간을 나타내는 말을 배우고 시간 표현을 이용해 글쓰기

다섯 번째 체험: 민속촌 체험

 민속촌에서의 체험은 옛날 물건과 오늘날 물건을 비교하는 것에 대해 배우는 시간이었다. 옛날 사람들이 사는 집의 종류에 대해 알아보고 직접 집의 구조를 살펴보고 기와집과 초가집의 공통점과 차이점에 대해 이야기 나누는 시간을 가졌다. 또 아이들은 옛날 농기구를 보며, 어디에 쓰는 물건인지 맞추며 옛날 물건에 대해 공부하는 시간을 가졌다. 이를 통해 과거와 현재의 차이를 직접 보고 경험할 수 있어 책에서만 공부하는 것보다 훨씬 직접적인 공부를 할 수 있다는 점이 좋았다. 또 그곳에서 말도 타보며 옛날 사람들의 생활에 대해 생각해 보고 금도끼 은도끼 연극을 보며 옛날 사람들의 생활 모습에 대해서도 알아보는 뜻깊은 시간들이었다. 민속촌에서의 체험은 아이들에게 역

대장간 앞에서

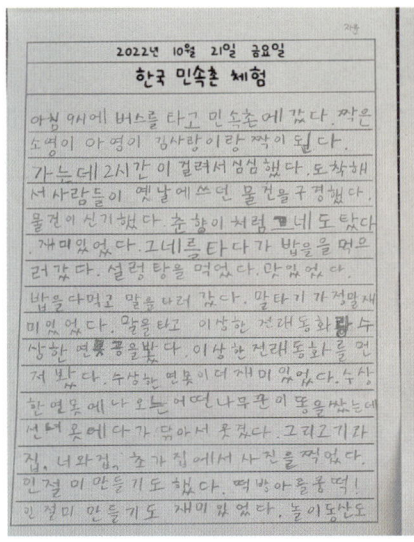

처음으로 한 장 쓰기 완성!! 이제까지 배운 글쓰기 방법 모두 동원해서 쓰기

사적인 사실을 이해하는 데 도움이 되었고, 후에는 국어 시간에 배운 '인상 깊은 일에 대해 글쓰기'와 연결하여 그 경험을 글로 표현했다.

일 년 동안 한 체험은 단순히 외출이나 나들이가 아닌, 아이들이 직접 배우고 경험하며, 다양한 감정과 지식을 쌓아가고, 이를 토대로 글쓰기 실력이 많이 성장한 귀중한 시간이었다. "얘들아, 놀러 가자!"는 말 속에 담긴 진정한 의미는 바로 이 모든 배움의 여정이었고, 아이들은 그 과정에서 소중한 기억과 함께 성장할 수 있었다. 1년간 아이들도 즐거웠지만 나 역시도 행복했던 시간들이었다. 체험학습을 준비하고 마무리하며 바쁘고 힘든 순간들도 있었다. 안 해도 되는 일을 일부러 만들었다는 생각에 때로는 내가 왜 이걸 시작했지 하며 잠시 후회도 했지만 지나고 보니 정말 잘한 일이었다. 체험학습 갈 시간 확보를 위해 교실에서의 수업을 집약적으로 해야 했기에 아이들을 가끔은 협박(?)하며 "오늘 못 끝내면 내일 우리 놀러 못 가!!", "쉬는 시간까지 다 끝내자!!" 달래가며 1년을 알차게 보내고 나니 아이들도 나도 많이 성장할 수 있었던 시간이었다. 무엇보다 아이들이 잘 따라와 주었기에 우리의 놀러가기 프로젝트가 무사히 마칠 수 있었다 생각한다.

그리고 이 프로젝트가 잘 마무리 될 수 있었던 것은 우리반 보호자들의 적극적인 협조도 한 몫 했다고 생각한다. 체험학습 때마다 반티를 챙겨 입히고 간식도 챙기며 아이들과 함께 설레며 준비해 주신 부모님들께도 감사함을 전하며 가장 큰 역할을 한 그 때의 귀염둥이들에게 고마운 마음을 전하고 싶다

"지금은 5학년이 된 우리 귀염둥이들~(이제 좀 덜 귀엽긴 하지만 ^^;;;;)

힘든 순간들도 웃으면서 함께해 줘서 너무 고마웠어~ 아직도 사랑한다.^^

앞으로도 신나게 공부하고 즐겁게 학교생활 하길 바랄게."

일 년 동안 한 체험은

단순히 외출이나 나들이가 아닌,

아이들이 직접 배우고 경험하며,

다양한 감정과 지식을 쌓아가고,

이를 토대로 글쓰기 실력이 많이 성장한

귀중한 시간이었다.

"얘들아, 놀러 가자!"는 말 속에 담긴

진정한 의미는 바로 이 모든 배움의 여정이었고,

아이들은 그 과정에서 소중한

기억과 함께 성장할 수 있었다.

소통으로
함께 성장해 온
청송교육공동체
10년

2부
꽃을 피우고
열매를 맺다

1장
학생의 배움

학생 다모임, 우리 아이들의 돋움터

교사 김현중

청송초등학교 교정에 스며든 초록의 기운처럼, 우리 아이들의 마음에 푸른 싹을 틔우는 활동이 있다. 매월 둘째 주 화요일 오전 2교시, '학생 다모임'이 열리는 날이면 아이들의 눈빛은 더욱 반짝인다. 우리 학교 '학생 다모임'은 우리 아이들이 미래 사회의 건강한 민주시민으로 성장하는 데 필수적인 역량을 길러주는 중요한 교육적 토대로 교사로서 이 다모임을 통해 아이들이 성장하는 모습을 지켜보는 데에 보람을 느낀다.

우리 학교 학생 다모임의 가장 큰 목적은 아이들이 '스스로 결정하고, 실행하고, 책임지는' 학생 자치 역량을 함양하는 데 있다. 단순히 지시하고 통제하는 방식이 아닌 아이들이 직접 학교에서 일어나는 여러 가지 사안들을 고민하고 해결해 나가는 과정을 통해, 그들은 삶의 주체로서 우뚝 서게 된다.

또한 다모임은 '대화와 토론, 타협의 과정 안에서 민주주의와 민주시민 의식에 대한 올바른 이해와 태도를 함양'하는 장이다. 때로는 의견 충돌도 있고, 생각의 차이로 인해 잠시 소란스러워지기도 한다. 하지만 그 모든 과정 안에서 아이들은 경청하는 법을 배우고, 자신의 의견을 논리적으로 제시하며, 타인의 다름을 인정하는 법을 익힌다. 자아존중감을 바탕으로 한 공감 토론과 민주적이고 공정한 절차를 통해, 아이들은 자신뿐만 아니라 친구들의 권리까지도 존중할 줄 아는 건강한 민주시민으로 성장한다.

특히 학생 참여예산제 운영은 아이들에게 '책임'의 의미를 가르쳐 주는 소중한 기회이다. 자신들의 의견이 예산으로 연결되고, 그 예산이 실제 학교 활동에 반영되는 것을 경험하면서 아이들은 학교의 일에 더욱 깊은 책임감을 느끼게 된다. 이는 단순한 돈의 개념을 넘어, 공동체의 자원을 어떻게 효율적으로 사용하고, 어떤 가치를 우선시해야 하는지를 고민하게 하는 살아있는 경제 교육이자 시민 교육이다.

우리 청송초등학교의 학생 다모임은 1학년부터 6학년까지 모든 학생이 참여하는 '무학년제'로 운영된다. 학년의 경계를 허물고 함께 모여 이야기하는 모습은 언제나 신선한 충격과 감동을 준다. 선배들이 어린 동생들의 이야기에 귀 기울이고, 동생들은 선배들의 지혜를 배우며 자연스럽게 협력 관계를 형성한다. 이러한 과정 가운데 아이들은 나이와 상관없이 서로를 존중하고 배려하는 마음을 키워나간다. 조별로 이름과 구호를 정하고, 함께 모여 학교생활 전반의 안건을 협의하는 모습은 진정한 의미의 공동체를 실현하는 과정이다. 회의 결과가 게시판을 통해 학생들에게 공지되는 것은 투명성과 책임감을 배우는 중요한 절차이기도 하다.

다모임의 안건은 주로 '사전 이끔이 모임'을 통해 수립된다. 학생 자치 위원장과 부위원장이 주축이 되어 연중 다모임 안건을 미리 고민하고 준

조별 이름과 구호 정하기 나눔 장면

비한다. 이는 아이들이 단순한 참여자를 넘어, 학교의 의사 결정 과정에 주도적으로 참여하는 리더십을 함양하는 기회가 된다. 그들이 제시하는 안건들은 때로는 교사들이 미처 생각지 못했던 아이디어를 담고 있어 우리를 놀라게 한다. 아이들의 시선으로 바라본 학교는 늘 새롭고 흥미로운 도전의 대상이다.

다모임 활동의 연간 일정을 살펴보면 3월에는 새로운 학년도를 맞아 무학년 조를 편성하고, 조별 이름과 구호를 정하며 소속감을 높인다. 또한, 학생의 권리와 의무를 확인하고 학생 생활 규정 개정을 위한 이야기를 나눈다. 이 과정에서 아이들은 자신들이 지켜야 할 규칙을 스스로 만들고, 더 나아가 서로의 권리를 존중하는 법을 배운다. 매달 진행되는 '달동갑 생일잔치'는 다모임의 딱딱함을 해소하고, 친구들과 함께하는 즐거움을 더해주는 소중한 시간이다.

3월 첫 달동갑 생일잔치 기념

4월부터 6월, 9월부터 11월까지는 매월 다모임 자치 안건 회의가 꾸준히 이어진다. 이 기간 동안 아이들은 학교생활의 크고 작은 문제들을 안건으로 삼아 토론하고 해결 방안을 모색한다. 급식 문제, 복도 통행 규칙, 통학 버스 내 안전 등 많은 것들이 아이들의 손을 거쳐 결정된다. 패들렛과 이동식 칠판, 화이트보드를 활용하여 자유롭게 의견을 공유하고 아이디어를 모으는 모습은 그 자체로 배움의 장이다.

7월에는 한 학기를 되돌아보는 시간을 가진다. '우리의 한 학기 되돌아보기' 활동을 통해 아이들은 자신들의 활동을 객관적으로 평가하고, 아쉬웠던 점을 보완하며 다음 학기를 위한 계획을 세운다. 반성과 성찰은 성장의 필수적인 요소이며, 다모임은 아이들에게 이러한 기회를 제공한다.

10월과 11월에는 학생 참여예산제에 대한 이해를 높이고 구체적인 행사 계획을 세운다. '청송 문구점, 다모임 어울림 축제'와 같은 아이들의 기발한 아이디어는 학생 복지와 봉사 정신 함양이라는 목적을 동시에 달성한다. 아이들은 자신들이 모은 예산으로 어떤 활동을 할지 고민하며, 공동체의 이익을 위해 봉사하는 마음을 기른다.

1년간 모은 송(松) 화폐를 사용하는 청송 문구점

다모임 어울림 축제 한 장면

마지막 12월에는 학생 자치위원 임원 선거를 통해 새로운 리더를 선출하고 인수인계를 진행한다. 이는 민주주의의 꽃이라 할 수 있는 선거 과정을 직접 경험하며 주권 의식을 함양하는 중요한 교육이다. 또한, '우리 다모임 생활 되돌아보기'를 통해 한 해의 다모임 활동을 총정리한다.

학생 자치회 임원 선거 장면

다모임은 단순한 회의를 넘어 학교 공동체에 긍정적인 영향을 미치는 다양한 캠페인 활동으로도 확장된다. 학교폭력 예방 교육 주간을 활용한 학생 캠페인 활동은 아이들이 직접 학교폭력의 심각성을 알리고, 친구들의 안전을 지키기 위해 노력하는 주체로 직접 참여한다. 아침 자율 시간을 활용한 캠페인 활동은 학교 전체에 긍정적인 메시지를 전달하며 건강한 학교 분위기를 조성한다.

특히 언어문화 개선 중심 캠페인 활동은 바르고 고운 말 쓰기, 관계 중심 학교폭력 예방을 위한 표어 작성 등을 통해 아이들의 언어 습관을 개선하는 데 큰 도움을 준다. '말 한마디로 천 냥 빚을 갚는다.'는 속담처럼, 고운 말 사용은 친구 관계를 돈독히 하고, 서로를 존중하는 문화를 만드는 데 필수적이다.

다모임 친구사랑 주간 홍보활동 장면

'친구사랑 인성 교육 중심 활동'은 다모임의 핵심 가치를 실현하는 활동이다. 친구에게 사과 편지쓰기, 미션 사진 찍기 등은 아이들이 서로의 소중함을 깨닫고, 어려움을 함께 극복하며 진정한 우정을 쌓아가는 데 기여한다. 인성 교육 주간에 집중적으로 진행되는 이 활동들은 아이들의 마음에 따뜻한 배려와 존중의 씨앗을 심어준다.

이러한 학생 다모임을 통해 우리는 많은 기대 효과를 얻을 수 있다. 첫째, 학교에서 일어나는 여러 가지 사안들을 학생 스스로 해결하는 다모임을 통해 아이들은 주체적인 문제 해결 능력을 기른다. 둘째, 자아존중감을 기르는 공감 토론과 민주적이고 공정한 절차를 통해 다모임을 운영함으로써 아이들은 건강한 자아를 확립하고 타인과의 관계 속에서 자신을 돌아볼 줄 알게 된다. 셋째, 배려와 존중의 중요함을 터득할 수 있는 계기가 마련되어 아이들은 서로를 이해하고 포용하는 따뜻한 마음을 키운다. 마지막으로, 민주 시민의식을 기르고 민주 사회의 구성원으로서 역량이 강화되어 우리 아이들은 미래 사회의 훌륭한 리더로 성장할 것이다.

교사로서 학생 다모임을 지켜보며 가장 크게 느끼는 것은 '기다림'의 중요성이다. 때로는 아이들의 의견이 미숙해 보이거나, 토론이 산으로 가는 것처럼 느껴질 때도 있다. 하지만 그때마다 교사는 조급해하지 않고, 아이들이 스스로 답을 찾아나갈 수 있도록 묵묵히 지지하고 기다려주는 역할을 해야 한다. 그 기다림 속에서 아이들은 시행착오를 통해 배우고, 실패를 통해 더욱 단단해지며, 마침내 스스로 빛나는 지혜를 발현한다.

청송초등학교의 학생 다모임은 단순한 학생 자치 활동을 넘어, 우리 아이들이 민주주의를 몸소 체험하고, 함께 살아가는 공동체의 가치를 깨달으며, 미래 사회의 주역으로 성장하는 소중한 돋움터이다. 이 작은 다모임이 우리 아이들의 삶에 거름이 되어, 그들이 앞으로 살아갈 세상에 밝은 빛을 비추기를 간절히 소망한다.

교사로서 학생 다모임을 지켜보며

가장 크게 느끼는 것은 '기다림'의 중요성이다.

때로는 아이들의 의견이 미숙해 보이거나,

토론이 산으로 가는 것처럼 느껴질 때도 있다.

하지만 그때마다 교사는 조급해하지 않고,

아이들이 스스로 답을 찾아나갈 수 있도록

묵묵히 지지하고 기다려주는 역할을 해야 한다.

그 기다림 속에서 아이들은 시행착오를 통해 배우고,

실패를 통해 더욱 단단해지며,

마침내 스스로 빛나는 지혜를 발현한다.

책과 함께 자라는 아이들

교사 이기풍

복도 한켠, 책을 읽으며 웃고 있는 아이들을 우연히 바라본 적이 있다. 별다른 연출 없이 그저 앉아서 책장을 넘기던 모습이었지만, 오래도록 기억에 남았다. 아이들이 책과 자연스럽게 어울리는 장면은 어쩌면 학교가 꿈꾸는 가장 기본적인 모습이 아닐까 생각했다.

청송초등학교는 학교의 지리적 특성으로 인해 가정적·학습적으로 세심한 관찰과 지원이 필요한 학생들이 많이 있는 상황이다. 이에 특별한 독서 프로그램을 기획하고, 대단한 작가를 초청하기보다는 일상 안에서 책이 스며들 수 있도록 조금씩 문을 열어가는 것이 중요하다고 생각했다. 그렇게 시도한 것이 'BOOK적 BOOK적 책사랑 주간'이다. 책을 많이 읽고 좋아하자는 말만으로는 학생들에게 변화를 주기에는 부족하다는 생각에서 출발했다. 아이들에게 책과의 관계가 좋은 기억으로 남기 위해선, 책이 곧 놀이가 되고 친구가 되는 경험이 필요했다.

'1회 책사랑 주간'에는 아이들이 좋아하는 책의 표지를 자신만의 시각으로 다시 그려보는 활동부터 시작했다. 처음에는 어떻게 그려야 할지 몰라 망설이던 아이들도 곧 제목을 바꿔보거나 등장인물을 바꿔보며 몰입

1회 책사랑 주간 활동 모습

하기 시작했다. 내가 고른 책, 내가 만든 표지라는 자부심이 생기자 자연스레 아이들의 집중도는 높아졌다. 또 저학년 학생들은 내가 좋아하는 책 속 캐릭터를 골라 그려보는 활동을 하면서 그림 솜씨보다는 그 책을 왜 좋아하는지, 어떤 이야기가 좋았고 그 캐릭터는 왜 마음에 드는지를 친구와 나누는 시간들을 소중하게 보냈다.

'2회 책사랑 주간'에는 학교 도서관과 더 가까워지는 경험에 중점을 두었다. 책 제목을 가지고 N행시를 만들어 보거나, 도서관 서가를 돌며 초성에 맞는 책을 찾는 활동은 게임처럼 흥미를 끌었다. 책 읽는 몬스터 만들기 활동은 아이들에게 의외로 반응이 좋았다. 나름대로 귀엽고 무서운 몬스터들이 복도 벽을 채웠고, 친구들끼리 "네 몬스터 잘 만들었다. 이 몬스터가 들고 있는 책이 뭐지?"라며 자연스럽게 책 이야기를 이어갔다.

이 활동들은 아이들이 책을 단지 '읽어야 할 것'이 아닌, '함께 놀 수 있는 존재'로 인식하게 하는 데 도움이 되었다. 무엇보다 활동할 때마다 아

2회 책사랑 주간 활동 모습

 이들은 "오늘은 제가 친구들에게 독서 행사 홍보를 할게요."라며 적극적으로 참여하고자 하는 모습을 보여 주었다. 나름 의도를 가지고 준비한 입장에서 참 고마운 말이었다. 한 아이는 우수 작품으로 뽑힌 자신의 책 표지를 자랑하며 "저는 디자인하는 걸 좀 잘하는 것 같아요."라고 말했다. 진지함보다는 순수한 감정에서 나오는 말이었지만, 그 말이 오래 기억에 남았다. 아이들의 꿈이 자라는 방식은 늘 예상 밖에서 시작된다.

 책을 읽는 데 그치지 않고, 직접 이야기를 써보는 시간도 마련했다. '나만의 이야기책 만들기' 프로젝트는 어린이책 시민연대와 함께 진행했다. 사실 처음에는 걱정이 많았다. 글쓰기 자체에 거부감을 가지는 아이들도 있었고, 짧은 시간 안에 완성된 결과물을 만들 수 있을지도 확신이 없었다. 그러나 생각보다 아이들은 자신의 이야기를 꺼내는 데 서툴지 않았다. 친구 이야기, 가족 이야기, 상상 속 모험 이야기까지 다양한 주제를 스스로 골랐다. 틀에 맞춘 글이 아닌, 자기 말로 시작된 글이었기

어린이책 시민연대 선생님과 함께하는 작가 노트 나눔

에 끝까지 집중하는 모습을 볼 수 있었다. 한 명, 한 명의 목소리에 귀 기울이며 학생들의 이야기를 하나씩 하나씩 이야기로 엮어가는 과정에서 보이는 아이들의 진지한 모습은 너무도 인상적이었다. 자신의 작가 노트에 기록한 내용들을 하나로 묶어 내용을 엮어내고, 자신이 직접 그린 그림으로 책의 한 장 한 장을 채워가는 모습에 아이들이 책과 가까워지고 있음을 느낀다.

가장 도전적이었던 활동은 '독서 낭독극'이었다. 무대에 서는 일은 부담스러워하는 아이가 많아 걱정이 있었지만, 대본을 앞에 두고 낭독하는 형식은 오히려 아이들에게 새로운 흥미를 주었다. 연기를 하라는 부담 없이, 인물의 말투나 감정에 집중하며 읽는 과정 안에서 아이들은 점점 몰

'청양 책 봄 축제'에서 독서 낭독극 발표를 하는 모습

입했다. 단순히 소리 내어 읽는 게 아니라, 이야기의 일부가 되는 경험이었다. 무엇보다 함께 호흡하며 이야기를 만들어가는 과정은 아이들 사이의 관계에도 긍정적인 영향을 줬다. 각자의 역할을 책임지고 서로 격려하며 준비하는 시간은 아이들에게 좋은 긴장감과 협동심을 심어주었다.

  6월, 청양군에서 열린 '책 봄 축제' 무대에서 처음으로 낭독극을 선보였을 때, 아이들은 떨리는 목소리로 첫 대사를 시작했다. 무대 위에서 감정을 담아 읽는 모습은 단순한 발표 이상의 울림이 있었다. 낭독이 끝난 후, 아이들 중 한 명이 "저도 내년에는 낭독극 동아리에 가입하고 싶어요."라고 말했을 때, 우리는 이 활동의 가치를 다시금 확인할 수 있었다.

책을 통해 아이들이 배우는 건 단지 지식이나 정보만은 아니다. 자기를 돌아보고, 타인의 마음을 이해하고, 때로는 자신의 꿈을 조심스레 꺼내보는 과정이다. 올해 우리가 함께한 활동들이 완성도 높은 결과로 이어졌는지는 중요하지 않다. **다만 아이들이 책과 조금 더 가까워졌고, 그 안에서 자기를 표현할 수 있게 되었다는 사실이 더 의미 있다.**

우리는 아이들이 언제든지 도서관 문을 열고 들어와 책을 꺼내어 볼 수 있는 학교를 만들고 싶다. 그 안에서 웃고, 이야기하고, 조용히 앉아 있는 모습이 모두 자연스러운 풍경이 되도록. 언젠가 지금의 이 경험들이 아이들의 기억 속에 좋은 장면으로 남기를 바란다. 그리고 그 기억이 다시 책을 꺼내 드는 순간으로 이어지기를 기대해 본다.

건강을 설계하는 첫걸음

교사 최재진

요즘 학생들을 가만히 들여다보면, 참 바쁘고도 고정된 일상을 살아간다는 생각이 든다. 학교에서는 책상에 앉아 수업을 듣고, 집에 돌아가면 스마트폰이나 태블릿 앞에 고정되어 있는 모습이 일상이 된 지 오래다. 활동적인 놀이보다는 정적인 취미에 익숙해진 학생들. 그 결과는 체력 저하, 운동 기피, 그리고 일부에겐 건강 이상이라는 무겁고 현실적인 문제로 돌아온다.

이런 학생들에게 건강 체력의 중요성을 알게 하고, 건강한 생활을 영위하고자 하는 마음을 갖게 하는 것은 매우 중요하다. 건강한 몸과 마음을 만드는 가장 쉬운 운동 습관은 무엇이 있을까 하는 고민의 결과는 걷기에서 찾을 수 있다. 도구가 필요하지도 않고, 뛰어난 운동 능력도 필요 없는 걷기. 누구나 시작할 수 있고, 언제 어디서든 실천할 수 있다는 점에서, 걷기는 학생들에게 가장 적합한 운동이다.

청송초등학교는 충청남도교육청이 추진하는 사업선택제 가운데 학생들의 건강을 증진시킬 수 있는 '건강체력교실'에 응모하였고, 2025학년도에 예산을 지원받아 '건강체력교실'을 운영하게 되었다. '건강체력교실'을 운영하기 위해 먼저 학생들의 신체 특성과 건강 상태를 파악할 수 있도록 전교생이 청양군 보건의료원을 방문하여 건강 검진을 실시하였다. 또한 4~6학년 학생들은 심폐지구력, 유연성, 근력 및 근지구력, 순발력 영역을 측정하였다. PAPS 평가 결과를 바탕으로 저체력군(4~5등급) 학생 9명과 건강검진 및 비만 검사 결과 경도비만 이상으로 분류된 5명을 집중 운영 대상으로 선정하여 보다 개별화된 접근을 시도하였다. 개별화 접근에서 발생할 수 있는 학생 간의 다른 시각을 최소화하기 위해 전교생의 참여를 전제로 하였다.

'건강체력교실' 운영을 위한 다양한 프로그램들을 생각하고 학생들과 교직원의 의견 수렴 과정을 거쳐 걷기 활동을 선정하였다. 걷기 활동은 학생들의 자발성을 기초로 하여 설계되었으며, 아침 등굣길, 점심시간의 자투리 시간, 복도나 운동장, 청송관을 걸으며 학생들은 스스로 몸을 움직이기 시작했다. 억지로 시켜서 하는 운동이 아니라, 스스로 계획하고 실천하며, 확인하는 전 과정을 반복하면서 습관을 형성하도록 하였다.

　건강의 중요성은 아무리 강조하여도 부족하지 않다. 하지만, 이 말을 마음속 깊이 받아들이고 건강을 지키기 위해 활동할 수 있도록 동기를 부여하는 일이 중요하다. 학생들이 걷기 활동에 자발적으로 참여하도록 유도하기 위해 몇몇 학생에게 워킹화를 지급하고 그 운동화를 신고 걷기 활동을 하도록 하였다. 새 신을 보고 아침마다 걷기에 대해 생각할 수 있도록 하여 학생의 자연스런 걷기 활동을 유도하였다. 이 학생들은 다른 학생들에 비해 1학기 동안 걷기 활동이 더 우수한 것으로 나타났다.

　또한 5월 '꿈 교육주간'에는 걷기 활동 행운권 추첨을 하였다. 평소처럼 아침에 걷기 활동을 하고 행운권(자기 이름)을 응모하고 다모임 시간에 추첨을 통해 상품을 지급하였다. 소형선풍기를 지급하여 시원한 걷기 활동을 하거나 공부 시간, 쉬는 시간에 활용할 수 있도록 하였다. 겉으로 보기에는 단순한 보상일지 몰라도, 학생들의 참여를 이끌어내는 데는 확실한 동기부여가 되었다.

　처음에는 걷기를 상품을 받기 위한 수단으로 여겼던 학생들이, 점차 스

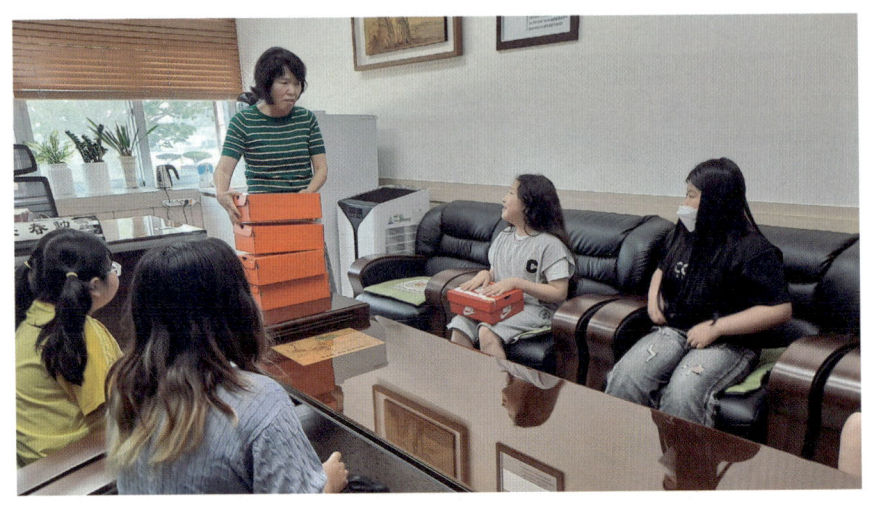

스로 자기의 성취를 확인하고, 땀 흘리는 기쁨을 느끼게 되었다. 어느새 걷기는 그들 안에서 '해야 하는 일'이 아니라 '하고 싶은 일'로 변해갔다. 자발적으로 운동장을 돌며 친구들과 걷기를 즐기고, 자신의 걸음 수를 기록하며 뿌듯함을 느끼는 학생들의 모습은, 그 자체로 교육이 무엇을 향해야 하는지를 보여주는 장면이었다. 1학기 말이 되어 한 학기 동안의 자기 기록과 친구들 추천을 통해 우수 학생을 칭찬하고 시상하였다. 시원한 여름철 물놀이에 신을 수 있는 아쿠아슈즈를 상품으로 지급하였다.

청송초는 전교생이 함께 걷기 활동에 참여하도록 설계했으며, 학년 구분 없이 선후배가 함께 활동하는 구조를 만들었다. 그 안에서 선배는 동생을 챙기고, 동생은 선배를 따라 하며 자연스러운 유대가 형성됐다. 이런 선순환 구조는 단지 운동 효과에 그치지 않고, 학교 전체의 분위기를 건강하고 따뜻하게 만들었다. 체육을 싫어하던 학생이 친구와 함께 걷기를 시작하면서 자신감을 얻고, 교실 안에서는 밝은 표정으로 이야기를 나

누는 모습은 단순한 '체력 향상' 이상의 의미를 지닌다.

청송초의 '건강체력교실'은 특히 체력 저하나 비만으로 어려움을 겪는 학생들에게 맞춤형 기회를 제공했다는 점에서 더욱 의미가 크다. 운동장에서 소외되던 학생들이 걷기라는 쉬운 활동을 통해 '나도 할 수 있다'는 자신감을 되찾았고, 점차 운동에 대한 거부감을 줄여갔다. 그 변화는 개인에게서 시작해, 또래 관계, 학급 분위기, 나아가 학교 문화 전반으로 확산하였다. 이는 교육이 갖는 변화의 힘을 실감하게 하는 대목이다.

이전에는 수업 외 시간에 학생들이 운동장을 자발적으로 찾는 일이 드물었지만, 이제는 아침마다 운동장을 도는 학생들의 모습이 낯설지 않다. 어떤 교사는 "학생들의 변화하는 모습을 보며 교육의 본질이 무엇인지 다시 생각하게 되었다"고 말했다. 우리 학교는 단순히 지식을 가르치는 교육을 넘어서, 삶의 태도와 습관을 기르는 교육으로 성장하고 있다. 건강한 삶을 살아가기 위한 걸음을 우리 학생들은 오늘도 걷고 있다.

아이의 배움을 교실 너머로 전하다

교사 이기풍

　청송초등학교에서 교직 생활을 시작한 것은 아니지만, 이곳에 와서 아이들을 만나고 교실에서 함께 시간을 보내는 동안, 나는 이 학교가 왜 '혁신학교'라는 이름을 붙였는지 조금은 알게 되었다. 혁신이라는 말이 꼭 거창한 시스템이나 눈에 띄는 변화를 뜻하지 않는다는 것을, 일상 속에서 작은 결정을 다르게 내리는 것만으로도 충분히 의미 있는 변화가 될 수 있다는 것을, 이 학교에서 체감하게 됐다.

　올해는 청송초등학교가 혁신학교로 운영된 지 10년이 되는 해다. 교직 경력 20년 차에 접어든 나에게도, 교육의 의미를 다시 돌아보게 만드는 시점이었다. 그동안 학교가 아이들을 위해 어떤 길을 걸어왔고, 그 길 위에 서 있는 우리는 지금 어떤 선택을 하고 있는지. 그 질문에 대해 가장 직접적으로 마주하게 된 것은 다름 아닌 '평가'라는 주제였다.

　사실 평가만큼 민감하고, 동시에 오해받기 쉬운 영역도 드물다. 교육의 모든 영역이 그러하겠지만, 평가는 특히나 교사와 학생, 학부모 사이의 관계를 미묘하게 뒤흔드는 요소가 된다. '잘함. 부족함. 노력이 필요함.' 등 단순한 말들이 아이에게는 어떤 무게로 다가가는지, 부모에게는 어떤 감정으로 번지는지, 우리는 교사로서 누구보다 잘 알고 있다.

청송초등학교는 지난 몇 년간 '도담도담 성장 발달 이야기'라는 이름으로 평가 결과를 가정으로 통지해 왔다. 교사들이 아이 한 명 한 명을 관찰하고, 그 활동을 서술형 기록으로 남겨 한 학기에 한 번 그동안의 학습 결과물을 모은 '성장앨범'과 함께 가정에 전달하는 방식이었다. 성장앨범에는 글로 기록된 배움의 과정뿐 아니라, 학생들의 결과물과 사진, 체험학습에 대한 흔적들이 고스란히 담겼다. 점수나 등수로 아이를 말하지 않고, 하루하루를 함께 보낸 교사의 눈으로 아이를 바라보자는 취지였다. 그 방향성에는 지금도 전적으로 동의한다. 교사로서 그런 방식의 평가가 주는 보람도 분명히 있었고, 부모의 입장에서도 내 아이의 성장을 기록처럼 간직할 수 있다는 건 의미 있는 일이었다.

하지만 교육이라는 것이 늘 같을 수는 없다. 같은 가치를 지향하더라도, 방법은 바뀔 수 있다. 올해 청송초는 평가 방식에 변화를 주기로 했다. 학기 초, 교사들이 함께 모여 고민을 나눴다. 결과물을 한데 모아 앨범처럼 정리하는 것도 좋지만, 그것이 아이의 성장을 더 잘 돕는 방식인지, 가정과의 소통에 실질적으로 도움이 되는 방법인지에 대한 물음이었다.

결론은 '더 자주, 더 즉각적으로 하는 가정과의 소통이 중요하다.'였다. 평가를 모아 정리해서 한 번에 전달하기보다는, 교실에서 관찰된 평가의 과정과 결과를 가정과 함께 공유하고 보충이 필요한 경우 학생에게 빠르게 환류하는 방식으로 전환한 것이다. 큰 틀은 변하지 않았다. 여전히 우리는 아이 한 명, 한 명의 삶과 배움에 주목하고 있다. 다만 그것을 전하는 방식에서, 실시간 피드백과 가정과의 즉각적인 연계를 더 강화한 것이다.

활발한 환류가 이뤄지는 수업 모습

　이렇게 바뀐 후, 교사로서의 내 역할도 조금 달라졌다. 예전에는 교실에서 관찰한 내용을 수첩이나 메모에 담아 두었다가, 시간이 날 때 모아서 정리하고, 사진을 인화하고, 아이의 활동지를 모아 클리어 파일에 정리해 넣는 방식이었다면, 이제는 수업 시간 중 있었던 관찰 또는 평가의 결과를 가정과 다양한 방법, 이를테면 쪽지, 문자 등의 방법으로 간단히 기록해 학부모에게 알리는 것이다. 예를 들어 아이가 글쓰기 시간에 좋은 문장을 썼다면 "문장 표현이 풍부해요. 문단 나누기만 조금 더 신경 쓰면 좋겠습니다"라는 코멘트를 바로 전달하는 식이다.
　이렇게 하면 아이가 자신의 강점과 개선점을 더 생생하게 이해하고, 학부모도 그날그날 자녀의 학교생활을 조금 더 명확히 알 수 있게 된다. 처음에는 변화에 대한 우려도 있었다. 그동안 정성껏 만들었던 도담도담 성장 발달 이야기와 성장앨범을 없앤다는 것, 평가의 과정과 결과를 그때그때 관리하고 전달해야 한다는 것 등 현실적인 고민도 분명 존재했다. 하지만 변화 이후 몇 달을 겪어보니, 단순히 '편하냐, 불편하냐'의 문제는 아니라는 걸 알게 됐다. 교사로서 내가 아이를 더 자주 관찰하게 되고, 평가의 과정을 신경 쓰게 되었다는 점, 그리고 가정과의 소통이 학급 담임교사에 대한 신뢰로 이어진다는 점에서 분명한 장점이 있었다.

물론, 완벽한 방식은 없고 또한 평가 결과를 가정에 통지하기 위한 최소의 방법은 없다. 어떤 시스템이든 장단점이 있고, 모든 학급과 모든 교사에게 똑같이 적용되는 정답은 없다. 다만 우리가 같은 방향을 바라보고 있다는 점, 그리고 그 방향이 '아이를 더 잘 이해하고, 더 잘 성장하게 하려는 것'이라면, 그 과정에서의 다양한 선택과 시도는 충분히 의미 있다고 본다.

평가는 단지 수치를 적는 일이 아니라, 아이와 함께 걷는 일이다. 교사의 말 한마디, 부모의 공감 한 줄이 아이에게는 커다란 힘이 된다. 우리가 지금 선택한 이 방식이, 언젠가는 다시 다른 모습으로 바뀔지도 모르지만, 지금 이 시점에서는 분명히 가치 있는 방향으로 느껴진다.

청송초등학교가 혁신학교 10년을 맞이하는 올해. 우리는 학교 시스템의 큰 변화보다는 작은 실천으로, 외부에 보여지는 번듯한 모습보다는 아이 한 명 한 명의 삶을 중심에 두는 방식으로 나아가고 있다. 평가와 통지도 아이 한 명 한 명의 성장에 도움을 주는 방식으로 계속 변화·발전해 가길 소망해 본다.

흙과 함께 배운 것들

교사 최재진

 교실 옆 나무로 만들어진 화분에 학생들이 삽을 들고 진지한 표정으로 모종을 심고 있다. 삐뚤빼뚤한 삽질이지만, 그 속에는 생명을 다루는 진심이 담겨 있다. 학교 텃밭 정원 가꾸기는 단순한 체험을 넘어, 학생들의 마음과 감각을 일깨우는 살아 있는 배움의 장이다.
 학교 텃밭 가꾸기 활동은 학생들에게 자연을 대하는 첫 수업이다. 학년별로 감자, 상추, 방울토마토 등 다양한 작물을 선정해, 직접 모종을 심고, 물을 주며, 생장일기를 작성한다. 특히 올해는 '1인 1작물 기르기'를 통해 학생들이 책임감을 가지고 식물을 돌보는 경험을 쌓았다. "저는 상추를 심었어요. 꽃도 피었어요."라는 말 한마디에 식물과 함께 자란 학생들의 감수성이 배어난다. 수확한 작물은 학생들의 손에 들려 가정으로 가져가거나, 학교에서 서로 함께 나누는 시간을 갖는다. 교과서 속 '나눔'이라는 단어가 현실이 되는 순간이다.
 텃밭 가꾸기 활동은 단지 작물을 심고 가꾸는 데 그치지 않는다. 학생들은 흙을 만지고 냄새를 맡으며 자연과의 직접적인 접촉을 경험한다. 이런 경험은 책으로 배우는 환경교육보다 훨씬 더 강력한 인상을 남긴다.

텃밭 명예 교사와 함께 텃밭 상자에 모종 심기 과정

봄이 오기 전, 학년별로 작물을 선정하고, 본관 앞의 텃밭 상자에 나누어 심었다. 신축 건물 공사로 인해 기존의 텃밭 공간을 사용할 수 없었지만, 그 제약을 오히려 새로운 방식의 텃밭 교육으로 바꾸는 계기가 되었다. 학생들은 모종삽을 들고 텃밭 명예 교사의 지도를 받으며 모종을 심었고, 매일 같이 텃밭을 들여다보며 물을 주고 상태를 기록했다. 그 과정을 통해 농작물의 소중함뿐만 아니라, 농민의 수고에 대한 감사의 마음을 자연스럽게 배우게 되었다.

5월 말에는 5, 6학년이 논 생태 체험을 통해 맨발로 흙을 밟고 모내기를 하며, 논 생물의 생태를 직접 관찰했다. 논은 단순히 벼를 재배하는 공간이 아니라 다양한 생물이 공존하는 생태계였다. 한 학생은 "논에도 생물이 산다는 걸 처음 알았어요."라며 놀라움을 표현했다. 흙 속에서 만난 개구리, 물속에서 헤엄치는 송사리, 그리고 논 주변의 풀벌레들까지, 학생들은 자연의 다양성과 생명의 신비를 몸으로 느꼈다. 농민들이 건강한 먹거리를 만들기 위해 얼마나 많은 정성과 노력을 기울이는지도 그 체험을 통해 배우게 되었다. 단지 농사일을 도와주는 활동이 아닌, 생태와 인간의 공존을 배워가는 귀중한 시간이었다.

6월 초, 1, 2학년은 지천리 하천에서 물고기와 곤충을 직접 만지며 생태계를 체험했다. 지천에 살고 있는 동자개, 쏘가리, 동사리, 갈거니의 모습을 그린 펜던트를 예쁘게 색칠했다. 초여름 햇빛을 받아 알맞게 따뜻해진 개울가 자갈 위를 걷고, 예쁜 모양의 자갈을 골라 꿈 편지도 그렸다. 생태 선생님이 하루 전에 담가 놓았던 통발 속의 물

고기도 관찰했다. 자갈밭에 양말과 신발을 벗어놓고 모래를 밟으며 물속에 맨발로 들어가 보았다. 흐르는 물이 주는 여유로운 감촉과 물고기가 지나가는 간지러움을 느낄 수 있었다. 물장구를 치고 개울가 풀과 벌레를 보며 "이게 진짜 과학이에요!"라고 외치던 학생의 눈빛은 교실 안에서 보기 어려운 생기와 흥미를 보여주었다.

  3, 4학년 학생들은 칠갑산 숲길을 따라 걸으며 나뭇잎을 관찰하고 자연의 아름다움을 몸으로 느꼈다. 나뭇잎 무늬를 종이에 찍는 활동은 단순한 만들기를 넘어 생명의 패턴과 질서를 이해하는 경험이 되었다. 또한 숲에 얽힌 전통 이야기를 들으며, 자연과 인간이 오랜 시간 동안 함께 살아왔다는 사실을 되새기게 되었다. "숲은 그냥 나무만 있는 곳인 줄 알았는데,

모내기하며 논 생태 체험에 참여하는 과정

칠갑산 지천리 하천 생태 체험 과정

사람 이야기도 있네요."라는 학생의 말에서, 교육의 본질을 다시금 깨닫게 된다.

이러한 활동들은 단지 특별한 하루의 이벤트로 그치지 않는다. 과학 시간의 생물 학습, 도덕 시간의 생명 존중 교육, 국어 시간의 글쓰기와 유기적으로 연결되어 지식과 경험이 조화를 이루며 학생들의 이해를 더욱 깊게 만든다. 예컨대, 생장일기를 통해 식물의 생애 주기를 학습하고, 체험한 내용을 바탕으로 글을 쓰며, 도덕 수업에서 나눔의 의미를 다시 되새긴다. 지식은 경험을 통해 더욱 생동감 있게 다가오며, 교육의 효과는 배 이상의 결과로 나타난다.

교육은 교사만 가르치는 것이 아니다. 오랜 세월 흙과 함께 살아온 명

칠갑산 숲 체험에서 농어민 명예 교사와 함께 숲밧줄 놀이 체험 과정

예 교사의 이야기는 교과서에서 배울 수 없는 지혜를 담고 있다. "요즘 학생들은 흙냄새를 못 맡아봐서 안 됐어."라는 말씀은 단순한 아쉬움 이상의 의미를 담고 있다. 교육은 새로운 지식만을 전하는 것이 아니라, 사라져가는 가치를 되살리고, 인간과 자연이 조화를 이루는 삶의 방식까지 전하는 일이다. 학교 울타리를 넘어서 마을과 손잡고, 자연 속으로 들어가 배우는 이 교육은 교실 안에서 채울 수 없는 깊이를 제공한다. 학생들은 흙 속에서 생명을 심고, 기다리고, 가꾸며 생명 존중과 공동체 의식을 자연스럽게 익혀간다. 수확이 목표가 아니라, 그 과정을 통해 자라나는 마음이야말로 진정한 성과다.

학교 텃밭 상자 감자밭에서 1학년 감자 수확하기 과정

　농촌체험학습과 학교 텃밭 가꾸기를 통해 학생들에게 자연과 생명, 그리고 사람 사이의 관계를 깨닫게 하고자 한다. 총 40명의 전교생과 교사, 농어민 명예 교사가 함께 참여하여 계절별 생태 체험과 텃밭 활동, 야생화 기르기 등을 통해 학생들의 심미적 감수성과 과학적 탐구 능력까지 고루 성장시킬 수 있도록 계획하고 운영한다.
　이 사업이 단순한 프로그램이 아닌, 학생들의 삶과 태도에 스며드는 깊은 배움이 되길 바란다. 학생들의 손끝에서 자라나는 상추 한 포기, 논바닥에서 만난 물고기 한 마리가 남긴 감동은 그들의 마음속에서 오랫동안 살아 숨 쉬게 될 것이다. 교육이란 결국, 씨앗을 뿌리는 일이다. 그리고 그 씨앗은 언젠가, 누군가의 삶에서 꽃을 피우고 열매를 맺는다. 이 작은 텃밭에서 시작된 변화가 우리 교육의 미래를 바꾸는 씨앗이 되기를 소망한다.

마을을 그리다, 이야기를 만들다

교사 김경애

 그러고 보니 청양 청송초등학교에 와서 처음 해 본 것 중 하나인 '마을 이야기책 만들기'도 빼놓을 수가 없다. '학교 안 전문적 학습공동체'와 '손수차림 직무연수'를 통해 마을 이야기 강의도 듣고 우리 학교 마을 주변을 돌아보며, 마을 이야기책 소재를 탐색하였다. 여주재와 백제 시대 이전부터 모습을 간직하고 있는 '청양 고리섬'을 둘러보며, 이와 관련된 이야기를 들었다. 또한 청양읍 남산과 대치면 지천구곡을 둘러보며, 청양의 지명과 하천에 관한 이야기도 들었다. 청양에 주소를 옮기고 살게 된 나는 모든 것이 신기하고 새롭기만 했다.

손수차림 직무연수

남산에 관한 이야기 듣기

지천구곡에 관한 이야기 듣기

청양 고리섬에서 찰칵!

　이후 본격적으로 학년별 마을 이야기책 만들기가 시작되었다. 우선 각 교과에서 마을 이야기책 만들기와 관련된 성취 기준을 선정하고, 단원과 학습 주제, 주요 내용 등을 정리하여 학년별 운영 계획을 완성하였다. 나는 1학년 학생들의 수준에 맞게 'ㅊ'하면 떠오르는 것을 말하게 하고, 'ㅊ'과 단어를 위, 아래로 적고 단어에 맞는 그림을 그리고 색칠하게 했다. 그리고 의도적으로 'ㅊ'하면 '청양'을 떠올리게 하고, '청양'하면 얼마 전 전교생이 다녀왔던 '칠갑산'을 떠올리게 했다. '칠갑산'에 가서 '최익현' 동상 앞에서 학급 단체 사진을 찍었던 것을 보여 주며, '최익현' 선생님은 우리 청양의 대표적인 인물이라는 것을 알려 주었다. 청양 지도에서 목면의 위치를 알려 주고, 모덕사에서 최익현

'ㅊ'하면 떠오르는 단어와 그림 그리기   칠갑산 최익현 동상 앞에서 찰칵!

선생님 동상과 초상화가 있다는 것도 알려 주었다. 아이들은 'ㅊ'에서 청양, 청양에서 칠갑산, 칠갑산에서 최익현, 최익현에서 목면, 목면에서 제자들과 모덕사를 자연스럽게 연결하며 생각하게 되었고, 그에 맞는 그림을 예쁘게 그리고 색칠하게 되었다.

  1학기 때에는 책 표지까지 8쪽의 마을 이야기책을 만들었다. 2학기에 '마을 이야기책'을 책으로 출판하기 위해서는 적어도 20쪽은 필요하다는 이야기를 듣고, '나의 마을 이야기 2' 만들기가 시작되었다.

  2학기에는 '청양'하면 '청송초등학교'를 떠올리게 하고, 자연스럽게 학교가 위치한 '송방리'와 송방리에 있는 '고리섬'까지 소개하게 되었다. 또한 고리섬의 어원이 '고랑부리현'이고, 백제시대 때 유래한 것이라는 것도 알려 주었다. 11월 초에는 청양교육지원청에서 진행하는 '버스타고 청양 나들이'를 신청해서 장곡사와 어린이백제체험관, 백제문화체험박물관을 견학하게 되었다. 우리 지역의 문화유산과 유래 등을 공부하고, 직접 체험한 내용이 '마을 이야기책'에 자연스럽게 녹아 들어가게 하였다.

1학년 아이들은 직접 그림을 그리고 색칠했지만, 4학년의 경우에는 '이비스 페인트'라는 그림 그리는 앱을 이용하여 '마을 이야기책'을 완성하였다. 책으로 출판됐을 때는 마치 서점에서 파는 책처럼 느껴질 정도로 완성도가 높았다. 교무실 복도에서 전교생이 만든 '마을 이

1학년 마을 이야기책 1

1학년 마을 이야기책 2

4학년 마을 이야기책 1

4학년 마을 이야기책 2

4학년 마을 이야기책 3

마을 이야기책 전시

야기책'을 전시하고 관람하는 시간을 가졌다. 아이들은 자기가 만든 책과 친구가 만든 책, 다른 학년이 만든 이야기책을 다양하게 감상할 수 있었다. 이렇게 청양 청송초등학교에 와서 처음 해 보게 된 '마을 이야기책 만들기'는 과정은 힘들었지만, 책으로 출판되어 아이들에게 나누어줄 때는 참 뿌듯하고 기뻤던 기억으로 오래도록 남아 있다.

　올해는 작년의 '마을 이야기책'에서 벗어나, '이야기 그림책'을 만들게 되었다. 어린이책 시민연대와 함께 진행하는데, 여러 가지 그림책을 읽어주고 느낀 점과 내용에 대해 자유롭게 이야기하는 시간을 가졌다. 그리고 수업에 두 명의 선생님이 들어오셔서 한 선생님은 아이들에게 질문해서 아이들과 이야기를 주고받고, 다른 선생님은 아이들이 이야기하는 것을 하나도 빠짐없이 자세히 기록하셨다.

우리 가족

아빠는 회사에서 일해요.
엄마는 베트남에 있어요.

집에 혼자 있을 때는
엄마, 아빠가 보고 싶어도 꾹 참아요.

어린이책 시민연대와 함께하는 이야기 그림책 만들기 1

내 마음

나는 까칠한 마음을 잘 느껴.

공부방에서 버섯볶음이 나오면
까칠해져서 빨리 삼켜.

잠을 자려고 눈을 감고 있는데 잠이 안 와.
조금 있으면 베개가 뜨거워져.

상어 인형으로 베개를 바꾸고 다시 눈을 감아.
모두 잠든 밤, 나 혼자 깨어 있어.

어린이책 시민연대와 함께하는 이야기 그림책 만들기 2

아이들이 그동안 그림 그린 것과 이야기한 것을 차곡차곡 모아서 말 그대로 '나만의 이야기 그림책'을 만드는 중이다. 2학기에 수정할 것은 수정하고 추가할 것은 추가해서 새로운 '이야기 그림책'이 완성될 예정이다. 내년에는 또 어떤 새로운 모습으로 '이야기 그림책'이 탄생할지 벌써 기대가 된다.

아이 곁에 머문다는 것

보건교사 박소영

예상치 못한 질문, 깊은 울림

보건교사로서 아이들을 돌보는 일은 언제나 '신체 건강'에 중점을 두게 된다. 아프면 치료해주고, 다치면 처치해주는 일. 분명히 중요한 일이다. 하지만 어느 날 한 학생이 보건실을 찾아와 조심스럽게 건넨 한마디는, 내가 얼마나 중요한 부분을 놓치고 있었는지를 일깨워주는 계기가 되었다.

"선생님, 쉽고 아프지 않게 죽는 방법이 있을까요?"

질문은 짧았지만, 그 안에 담긴 마음은 무거웠다. 단순히 '죽고 싶다'는 말이 아니라, '쉽고 아프지 않게'라는 구체적인 표현은 아이가 얼마나 진지하게 고민했는지를 보여주는 것 같았다. 상담 업무를 맡으며 연수 등을 통해 위기 상황에서의 대처 방법을 배워왔지만, 막상 눈앞의 학생에게서 예상치 못한 질문을 받았을 때는 배운 대로 행동하기가 쉽지 않았다.

편견을 넘어서

질문을 던진 학생은 지적장애가 있는 특수교육 대상 학생이었다. 감정을 말로 다양하게 표현하는 데 익숙하지 않아, 속상하거나 서운한 상황에서도 대부분의 감정을 '우울하다'고만 표현했다. 그래서 Wee센터의 순회 상담교사와 함께 다양한 감정을 배우고, 긍정적으로 표현하는 연습을 꾸준히 이어가고 있었다.

하지만 그 아이는 언제나 위축되어 있기만 한 학생은 아니었다. 체험학습으로 방문한 잡월드에서는 전혀 다른 모습을 보여주었다. 다른 사람의 도움 없이도 스스로 하고 싶은 활동을 찾아다니고, 낯선 공간에서도 주도적으로 체험을 즐기는 모습을 보며 '이 아이 안에도 힘이 있구나'라고 생각하게 되었다.

특수학급 학생이라는 이유로, 그리고 평소 위축된 모습을 보며 나도 모르게 아이의 다양한 면을 보지 못했던 건 아닐까. 그 순간, 놀라움과 함께 미안한 마음이 들었다.

위기의 순간, 협력의 손길

그 아이는 졸업을 앞두고 유튜브에서 접한 자살 관련 정보에 영향을 받아 자해 행동을 보이게 되었다. 다행히 상처는 깊지 않았지만, 그 사건은 우리 모두에게 아이의 마음을 더 깊이 들여다보고 적극적으로 지원해야 한다는 분명한 메시지였다.

즉시 Wee센터에 상황을 공유하고 병원 진료와 상담 연계를 시도했으며, 학부모와도 긴밀히 상담을 진행했었다. 가정에서는 유튜브 시청을 제한하고, 대화 시간을 늘리는 등 협력적인 노력을 이어갔다.

그러나 졸업과 방학이 동시에 다가오는 시점, 아이가 혼자 있는 시간이 많아질 것을 생각하니 걱정이 깊어졌다. 연말이라 Wee센터 예산이 이미 소진된 상황에서, 우리는 지역사회의 도움을 요청했다.

보건소 정신건강복지센터는 다음 해 예산을 조정해 방학 중 상담을 지원해주었고, 아이가 관심 있던 미술을 매개로 한 미술치료 상담이 가능하도록 전문가와도 연결해주었다. 특수교육지원청에서도 상담 장소를 마련하며 적극적으로 협력해주었다.

덕분에 아이는 졸업 후에도 상담을 꾸준히 이어가며 감정을 표현하고 위로받을 수 있었고, 무사히 중학교로 진학할 수 있었다.

정서적 지지는 아이 안의 힘을 지켜주는 일

이 일을 겪으며, 나는 학교에서 이어오던 심리·정서적 돌봄 활동들의 진짜 의미를 비로소 실감할 수 있었다. 단순히 프로그램을 운영하는 것이 아니라, 아이들의 마음에 작은 씨앗을 심고, 그것이 자랄 수 있도록 곁에서 지켜보는 일이었다.

마음의 건강은 신체 건강만큼이나 중요하다. 아니, 보이지 않기에 더 세심한 관심이 필요한 영역이다.

정서적 지지란, 결국 아이 안에 이미 존재하는 힘을 함께 발견하고, 그것이 꺼지지 않도록 곁에서 지켜주는 일이라는 생각이 들었다. 잡월드에서 주도적으로 활동하던 그 아이처럼, 모든 아이는 저마다의 가능성을 품고 있다. 우리가 해야 할 일은 그것을 믿고 기다려주는 일이 아닐까.

오늘도 마음을 돌보는 교사로

그날의 질문을 마음속에 간직하며, 아이들의 이야기에 더 귀 기울이고자 한다.

 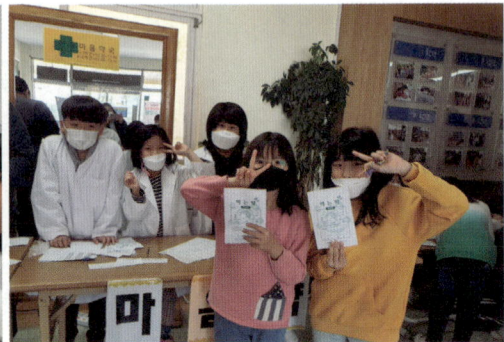

6학년이 동생들의 고민을 들어주는 따뜻한 '마음약국' 운영 모습

Wee센터 원데이클래스와 와플 만들기로 즐거움과 달콤함이 가득한 시간

등굣길 맞이 생명존중 캠페인, 친구와 함께하는 원예 활동, 누군가의 고민을 들어주는 '마음약국', 그리고 언제나 열려 있는 보건실. 이 모든 활동은 눈에 띄는 수치를 남기진 않지만, 아이들에게 따뜻한 인사를 건네고, 마음을 털어놓을 공간을 만들고, 서로를 이해할 기회를 선물하고 있다.

생명존중의 마음을 담아 인형탈과 함께한 등굣길 캠페인

친구야, 만나자: 자연 친화적 감수성을 기르고, 신체적·정서적 회복을 돕는 힐링시간

학생들의 몸을 돌보는 것처럼, 마음을 보살피는 일 또한 교사로서 결코 놓쳐서는 안 될 역할임을 그 아이를 통해 배웠다.

그래서 오늘도 나는 아이들 곁에 조용히, 그러나 따뜻하게 머무른다.

같이 걷는 길, 함께 자라는 마음
―청송초등학교에서 마을과 함께한 교육 이야기

특수교사 오민정

바람 좋은 날, 지천을 따라 걷기 시작한 아이들의 걸음은 경쾌했다. 멀리서 들려오는 새소리에 귀 기울이며, 아이들은 손을 꼭 잡고 나란히 걸었다. 모든 아이들이 함께 걸으며 발을 맞춰나갔다. 그 발걸음으로, 오늘 이 마을 교육의 의미가 또렷해졌다.

청송초등학교에서 이루어지는 마을 교육은 단순히 교실을 벗어나 자연을 경험하는 것에 그치지 않는다. 마을이라는 살아 있는 교과서를 함께 읽고, 사람과 풍경, 삶의 결을 만나는 시간이다. 청양의 명소를 따라 걷고, 칠갑산을 등산하고, 전통시장을 둘러보며, 오래된 골목에서 흘러나오는 이야기에 귀 기울이는 과정 속에서 아이들은 조금씩 자란다. 그 안에서 우리가 놓치지 않아야 할 것은, 특수교육대상학생들도 이 교육의 한 걸음 한 걸음을 함께 밟아가고 있다는 사실이다.

우리반 학생들에게 마을 교육은 또 하나의 세상이다. 수업 시간 동안

보지 못한 친구들의 표정, 거리의 활기, 낯선 공간에서의 떨림…그 모든 것이 새로운 도전이자 배움이다. 하지만 이들이 혼자였더라면 이 교육은 그저 두려움으로 남았을지도 모른다. 다행히 청송초등학교의 아이들은 '같이' 가는 길을 선택했다. 누군가는 손을 내밀고, 누군가는 함께 발걸음을 맞추었다. 누군가는 이야기책을 만드는 자리에서 함께 생각해주고, 누군가는 정자 만들기 활동 중 함께 망치를 들고 못을 박았다.

그 중에서도 이야기책 만들기 활동은 특별했다. 우리반 학생들에게 마을 이야기책을 어떤 주제로 써야 할지, 무엇을 그려 넣어야 할지 생각하는 데에 오랜 시간이 걸렸다. 곤충을 좋아하는 호준이의 흥미를 잘 아는 창민이는 호준에게 말을 건넸다.

"호준아, 네가 좋아하는 곤충을 그리는 건 어때?"

호준이는 창민이와 지천을 함께 걷던 날을 기억하며, 책 속에 청양 지천에서 만난 곤충들을 그려 넣었다.

"지천에 잠자리 한 마리가 있어요. 1"

"물방개 두 마리가 헤엄쳐요. 2"

그렇게 하나씩, 숫자를 더해가며 마치 자연과 숫자, 그리고 마을을 연결하는 그림책을 만들었다. 거창한 주제로 여러 문단을 만들어 이야기책을 완성한 것은 아니지만, 친구와 함께 곤충과 지천을 떠올리고, 좋아하는 곤충을 직접 그려 넣고, 짧은 한 문장으로 한 장씩 써 내려간 호준이의 책은 그 어떤 작품보다 의미 있고, 완성도가 높았다. 그 책은 단순한 숫자 세기 책이 아니라, 자연과 친구, 배움이 어우러진 마을의 이야기가 되었다.

학교 뒤뜰에 마을 쉼터인 정자를 함께 만든 날도 기억에 남는다. 아이들은 직접 나무를 옮기고, 못을 박으며 각자의 역할을 나눴다. 전동사포를 처음 쥔 주영이는 손에 쥔 도구가 무거워 몇 번이고 놓쳤지만, 그 옆에서 보림이가 말했다.

"같이 해보자. 내가 잡고 있을게."

주영이는 보림이 손 위에 조심스레 손을 얹었다. 둘이 함께 사포질을 했던 그 나무는 그날 만든 정자 중 가장 단단했던 부분일지도 모른다. 아이들은 함께 정자를 짓는 동안, 서로를 더 잘 이해하고, 존중하는 방법을 배웠다. 그 안에 있는 '같이의 힘'은 어느 교과서에서도 배울 수 없는 값진 교육이었다.

'포용'이라는 단어는 교육 현장에서 쉽게 말해지지만, 실현되기는 어렵다. 하지만 마을 교육은 그것을 자연스럽게 가능케 했다. 교과서 속의 이해가 아닌, 생활 속의 실천으로 이어진다. 아이들은 자신과 다른 친구를 기다려주고, 다가가고, 함께 웃는 방법을 배운다. 그 안에서 우리반 학생들은 비로소 '혼자가 아님'을, '함께 할 수 있음'을 경험한다. 그리고 일반학생들은 그 과정을 통해 누군가를 돕는 법이 아니라, 함께하는 법을 배운다. 그것이 바로 마을 교육이 주는 가장 큰 선물일지도 모른다.

우리는 마을과 함께 배우고, 마을과 함께 성장하고 있다. 벽돌을 쌓아 정자를 만들듯, 마음과 마음을 엮어 함께 살아가는 법을 배우고 있다. 그리고 나는 특수교사로서, 이 아이들이 만들어 가는 마을 속의 공동체를 조용히 응원하며 지켜본다. 함께 걸은 시간은 짧지만, 마음속에 새겨진 기억은 오래도록 남는다.

청송초의 아이들은 지금도 어디선가 함께 걷고 있다. 누군가는 조금 느릴 수 있고, 누군가는 앞장설 수 있다. 하지만 중요한 건 모두가 같은 방향으로, 같은 풍경을 바라보며 걷고 있다는 사실이다. 그렇게 오늘도 우리는 '같이'의 힘으로 한 걸음 더 나아간다.

2장
교직원의 도전

낯선 지역에서의 새로운 시작

교사 김경애

 오랜 기간 근무했던 지역을 떠나, 출장을 몇 번 와 보기만 했던 청양으로 발령을 받았다. 아니 더 정확히 얘기하자면 내가 청양을 1지망으로 적어서 오게 되었다. 교직 생활의 대부분을 큰 학교에서 보내서 큰 학교 특유의 장, 단점을 익숙히 알고 있었다. 개인적인 생각으로는 요즘 같은 세상에 큰 학교는 장점보다는 단점이 더 많은 것 같다. 예전과는 다른 학생들과 학부모들, 학생 수는 줄었지만 일일이 챙겨줘야 할 게 더 많고 마음을 돌봐야 하는 학생들이 더 많아지고 있는 요즈음, 어느덧 교사에 대한 존경은 사라지고 내 아이만을 잘 챙겨 주었으면 하는 마음이 당연시되는 세상이 되었다고나 할까? 아무튼 오래 근무했던 지역에서 마지막으로 근무했던 학교가 지금의 청송초등학교와 비슷한 규모여서 나름대로 좋은 기억을 안고 떠나게 되었고, 비슷한 환경에서 낯선 지역에서의 새로운 시작을 하게 되었다.
 작년 2월에 교장, 교감 선생님께 인사드리러 오고 다음 주 인수, 인계를 받고 오후에는 청양교육지원청에서 실시하는 '2022 개정교육과정 연수'를 듣게 되었다. '다정다감실'이라는 아기자기한 규모에서 참 따뜻한 느낌을 받았던 기억이 난다. '교육과정 함께 만들기 주간'에는 수요일을 제외하고 사흘 내내 학교에 와서 혁신학교 연수를 듣고, 새 학년도 학교교육과정에 대해 숨 쉴 틈도 없이 협의를 계속 이어 나갔던 기억이 난다. 대부분의 학교가 사흘 정도 학교에 나오고 이틀은 자율적으로 운영하는 데 반해, 청송초등학교는 닷새 내내 쉴 틈 없이 협의를 이어 나갔다. 3월 새 학기가 시작되어서는 한 달 내내 학교에서 전화 통화를 할 겨를도 없이, 협의와 업무 추진으로 몽롱한 상태에서 바쁘게 학교생활을 해 나갔다.

오랜 교직 생활에도 불구하고 청양 청송초등학교에 와서 새로운 경험을 참 많이 하게 되었다. 우선 가장 특이한 것이 '학교 밖 전문적 학습공동체의 활성화'였다. 내가 근무했던 지역에서는 원하는 사람들만 학교 밖 전문적 학습공동체에 가입해서 활동했기 때문에 '학교 밖 전문적 학습공동체'에 가입한 적이 없었다. 하지만 청송초등학교에서는 대부분의 선생님이 '학교 밖 전문적 학습공동체'에 가입해서 활동하고 있었다. 그래서 나도 가입 조건이 맞고 내 적성에 맞는 '청양마을교육공동체 연구회'에 가입해서 활동하게 되었다. 덕분에 '청양'이라는 지역에 대해 빠르게 이해할 수 있었다. 그다음으로 특이한 것은 마을 교사와 함께 하는 정자 만들기와 지천 생태체험, 청양 전통시장 체험, 마을 축제이다. 이 네 가지는 다른 학교에서는 경험해 보지 못한 새로운 경험이었다. 그중에서 '정자 만들기'에 대해 소개하고자 한다.

정자 만들기는 남자 선생님 세 분과 마을 교사들이 함께 모여 여러 번의 논의를 거쳐 학년 특성에 맞는 활동을 하게 되었다. 작년에 나는 1학년을 담임하고 있었기 때문에 1학년에 맞는 '나만의 정자 그리기'와 '4D 프레임'으로 정자를 만들어보는 시간을 가졌다. 또한 톱으로

4D로 나만의 정자 만들기

톱으로 나무 자르기

삽으로 구멍 파기

자갈을 넣고 발로 다지기

스테인 칠하기

마루 표면을 매끄럽게 하기

나무를 잘라보기, 삽으로 땅을 파기, 자갈을 구멍에 넣고 위로 올라가서 발로 '콩콩' 다지기, 스테인 칠하기, 마루 표면을 매끄럽게 하기 등을 했다. 이렇게 하나씩 하나씩 차례대로 정자 만드는 일에 아이들이 모두 참여했고, 10월 31일 마을 축제 때는 '정자 기공식'을 하게 되었다. 학교에서 아이들이 마을 교사와 함께 정자를 직접 만들어 본다는 게 참 뜻깊고 기억에 남았다. 아이들에게도 분명 오래도록 기억에 남을 일이라 생각된다.

함께 걷는 배움의 길

교사 백삼현

전에 근무하던 학교에서 5년 차, 다음은 어느 학교에서 근무할까를 고민하던 2023년, 평소 'AI · SW 연구회' 활동을 함께하던 후배가 청송초에 가려고 하길래 "나도 갈까?" 말을 꺼냈다. "형님, 혁신학교예요!, 괜찮겠어요?"하며 되묻는 말에 "뭐, 어때! 너하고 다른 선생님들 모두 같이 지내면 지구방위대 정도 만들 수 있지 않을까?" 하며 농담조로 대답했다.

지난 10년 동안 남들은 평생 한 번 있을까 말까 하는 일을 겪으며, 마음에 돌덩이처럼 무거운 짐이 가득해서, 앞으로 나아가려고 노력했던 공부도 멈추고, 휴직까지 고민하던 나……. 기어코 후배를 따라 여기 청송초등학교에 지원했다. 남들이 왜 사서 고생하냐는 말에도 좋은 사람들과 함께 걸어간다면 내 마음의 돌덩이들을 치울 수 있지 않을까? 하는 기대가 있었다. 미리 만난 '청송인'들은 자꾸 뭔가를 고민하고, 생각을 서로 나누며 실천하는 모습을 자주 보여주어 저 안에서 함께하고 싶은 마음을 먹게 해주었다. 나름 학교 안팎으로 활동을 많이 하던 터라 청송초에서의 생활은 부담 없게 생각했는데, 발령 후 계속 이어지는 교육과정 계획 협의 속에서 앞으로 해야 할 것, 배울 것이 엄청 많음을 알게 되었다.

행송(幸松&Happy song): 전문적 학습공동체

2024년, '즐거운 배움 속에 함께 성장하는 자율적인 전문적 학습공동체'를 지향하는 '행송(幸松&Happy song)', 청송초에 오면서 품었던 기대처럼, 모두가 학생 중심의 배움에 몰입하고 학교가 당면한 과제들을 지혜롭게 해결해 나가려고 노력했다.

전문적 학습공동체 계획에 따라 매월 첫째, 셋째 주에는 수업 혁신을 위한 깊이 있는 공동 연구와 나눔이, 둘째 주에는 교사 개개인의 성장을 위한 자율 연수가, 넷째 주에는 마을과 학교의 연계를 위한 체험 연수가 진행되었다. 특히 '수요자 설계형 손수차림 직무연수'는 교사들의 전문성을 한층 높이는 계기가 되었다. 4월부터 9월까지 마을 교사를 모시고 'COCO 공간 만들기(정자)'와 그림책 만들기를 직접 배우며, 교육과정과 마을 교육을 연계한 프로젝트 실행 능력을 키웠다. 교실이라는 공간을 넘어 마을에서 배움을 찾고, 이를 교육활동으로 연결하는 귀한 경험이었다.

2025학년도는 그간의 값진 경험을 바탕으로 내실을 더욱 다지는 한 해가 되고자 노력하였다. 3월 둘째, 셋째 수요일에는 정기적인 수업 혁신과 전문적 학습공동체 운영에 대한 심도 있는 협의를 하였다. 이와 함께 청양 지역에서 활동 중인 '어린이책 시민연대' 선생님들과 함께 이야기 그림책 만들기 연수를 통해 교사들의 역량을 강화했다. 4월부터 7월까지는 혁신학교 10년 아카이브 협의를 진행하며 지난 10년간 청송초등학교 혁신 교육의 발자취와 성과를 체계적으로 정리하고 공유하는 데 몰두했다. 9월~12월은 평가의 전문성을 높이고, 마을 연계 교육의 효과를 심층적으로 분석하고, 한 해의 노력을 되돌아보고 서로의 소감을 나누며 성장의 의미를 되새기는 시간을 계획하는 중이다.

행송(幸松&Happy song): 함께 성장하는 수업

25년간 교단에 서서 아이들의 성장을 지켜보는 것이 가장 큰 기쁨이자 보람이었다. 하지만, 수업은 항상 부담감이 되어 나의 어깨를 무겁게 만들었고, '수업의 질 향상'은 나를 따라다니는 명제가 되었다. 경력이 많아질수록 점점 더 쌓이고 있는 부담감이 청송초에 와서 다른 선생님들과 함께 고민하고 연구하면서 조금은 가벼워짐을 느끼게 되었다.

우리 학교 특성을 고려하여 수업의 질 향상을 위해 모든 선생님이 함께 노력하였다. '개별화 수업'부터 '마을 연계 수업', '디지털기기 활용 과학 수업'에 이르기까지, 다양한 교과와 주제를 넘나들며 교수학습의 새로운 길을 모색했다. '수업 짝'을 정하여 연간 학급 운영과 수업 방법에 대한 고민을 함께 나누었고, 일상 수업 중에 발생하는 어려움을 허심탄회하게 털어놓으며 집단 지성으로 해결 방안을 찾기도 하였다.

2024년 1학기에는 고학년 담임 선생님들과 특수, 보건 선생님이, 2학기에는 저학년과 과학 전담 선생님이 수업을 공개하며 수업 나눔을 시작하였다. 2025년 1학기에는 4~6학년 담임, 보건 선생님의 수업이 이어졌다. 수업 나눔 사전·사후 협의회는 서로의 수업을 평가하기 위함이 아니라, '수업자의 철학과 의도는 무엇이었을까?', '이 수업에서 학생들의 배움이 가장 크게 일어난 장면은 어디일까?'와 같은 질문들을 던지며 서로의 배움을 격려하는 자리가 되었다. 이러한 진솔한 나눔을 통해 우리는 수업 기술을 넘어, 아이들의 성장을 어떻게 관찰하고 지원할지에 대한 깊이 있는 고민을 할 수 있었다. 이런 수업 나눔은 나의 부담감을 한층 덜어낼 수 있는 자리였고, 아이들의 성장을 위한 교사들의 진심을 확인하는 감동적인 순간들이었다.

이 외에도 9월에 진행된 학부모 초청 수업 공개는 학부모님들이 자녀의 배움 과정을 직접 참관하고 선생님과의 상담을 통해 학교 교육에 대한 신뢰를 더욱 높이는 자리가 되었다.

작년부터 올해까지 청송초등학교에서의 시간은 나에게 '함께'의 진정한 가치를 더 잘 알 수 있는 시간이었다. '행송'이라는 이름처럼, 즐거운 배움 속에서 서로를 격려하고 지지하는 행복한 자리가 되었다. 서로에 대한 배려와 믿음, 아이들을 향해 똘똘 뭉친 우리를 보면 '지구방위대'를 만들 수 있을 것이라 농담처럼 던졌던 말이 현실로 이루어지고 있는 것은 아닐까? 하는 생각이 든다. 나의 배움이 아이들의 배움이 되고, 아이들의 성장이 나의 기쁨이 되는 이 길을, 끝까지 한 걸음 한 걸음 함께 걸어가기를 기대해 본다.

무엇이 우리의 가슴을 뛰게 하는가

교사 이경찬

2018년 3월 나는 청송초등학교로 발령받았다. 청송초등학교는 혁신학교 3년차를 맞는 해였다. 공주로 5년간 출퇴근하고 청양으로 다시 오게 되면서 나는 어느 학교로 가야 할지 고민이 됐다. 공주로 떠나기 전에 행복공감학교(이 표현을 기억하는 이들도 많지 않겠지만)에 근무했던 나는 혁신학교(당시 행복나눔학교)인 청송초등학교에 마음이 끌렸다. 평소 존경하는 선배님들도 계시고 집에서도 가까우니 나는 쉽게 마음을 정할 수 있었다.

청송초등학교에서의 1년은 내게 참 좋은 기억으로 남아있다. 민주적인 협의문화, 짜임새있는 전문적 학습공동체, 수업자의 성장에 초점을 맞춘 수업 나눔, 그리고 소중한 추억을 함께한 아이들이 있었기에 내겐 너무 행복한 한 해였다.

그때만 해도 나는 혁신학교의 방향성에 대해 잘 알지 못했다. 그래서 선배님들의 방향성을 믿고 따랐던 때였다. 돌이켜 생각해 보면 혁신학교의 취지를 깊이 이해하고 부단히 노력했던 선배님들의 노고가 느껴져서 너무 감사하다. 그 안전한 울타리 안에서 내가 고민하고 성장할 수 있었

공개 수업 중 협동학습

수업협의회

기 때문이다.

  특별히 좋았던 것은 독서와 전문가 초청 강연을 통해 '협동학습'에 대해 함께 공부하고 수업 나눔을 했던 것이었다. 나는 평소 '교사는 무엇보다 수업을 잘하기 위해 애써야 하고 학교는 교사의 수업 연구를 위한 환경을 만드는 것을 최우선으로 해야 한다.'고 생각해 왔기 때문이다. 그래서 나는 연 2회 예정되어 있는 관내 공개 수업 나눔에 선뜻 지원했다. 학생 주도성을 키우는 수업을 연구하여 준비하였고, 수업을 공개하여 여러 선생님들의 의견을 들었다. 수업에 대한 각자의 관점을 나누고 공감하고 격려하는 자리가 되었다. 나의 수업을 나누는 자리일 뿐만 아니라 수업을 나누는 방법을 연습하는 자리가 되었다. 수업자의 고민이 해결되는 것에 집중하여 조언하고 관찰자의 수업 개선을 위해 다짐하는 기회가 되는 것 같았다. 마치 수업 축제 같았다. 정말 가슴 뛰는 순간이었다.

그렇게 행복한 1년을 보내고 나는 개인적인 사정으로 푸른빛고을상상이룸공작소 전담교사를 맡게 되었다. 청송초등학교 소속이기는 하지만 잠시 떨어져 지내게 된 것이다. 공작소 전담교사로 4년을 근무하고 내신을 낼 수밖에 없는 상황이 되었고 인근 학교에 발령을 받았다. 청송초등학교는 어느새 혁신학교 2기를 지나고 있었다. 그리고 1년 후 나는 다시 청송초등학교에 왔다. 청송초등학교가 혁신학교로 추가 재지정 되면서 나는 초빙교사로 올 수 있었다.

나는 왜 다시 이곳에 오고 싶어 했을까? 곰곰이 생각해 보았다. 아마도 5년 전 나의 가슴을 뛰게 만들었던 그 기억 때문인 것 같다. 다행히 나는 지난 5년 동안 청송초등학교의 교육과정에 대해서 잘 알 수 있었다. 청송초등학교의 선생님들과 마을교육공동체연구회에서 함께 공부하며 자주 소식을 접했기 때문이다.

2024년 나는 교무, 연구, 혁신, 마을 교육공동체, 학부모, 봉사활동, 진로교육 업무를 맡았다. 청송초등학교에서 다시금 가슴 뛰는 경험을 하고 싶었다. 무엇으로 그것을 가능하게 할 수 있을까? 청송초등학교는 많은 부분에 있어서 안정적인 학교가 되어 있었다. 8년에 걸쳐서 검증된 유익한 활동, 노하우가 있었다. 우리는 잘 만들어진 그 길을 가면 되는 것이라는 생각이 들었다.

하지만 청송초등학교의 교직원들은 새로운 도전을 멈추지 않으려 했다. 안정을 찾은 부분에 쏟았던 에너지를 돌려, 에너지가 필요한 새로운 부분을 찾으려고 노력했다. 아무리 교육과정이 잘 짜여진 혁신학교라도 매년 학생들이 바뀌고, 교직원이 바뀌고 주어진 상황이 바뀐다면 거기에 최적화된 모습과 의견수렴으로 새로운 방향을 설정하는 것이 맞는 것이라는 생각이 들었다.

그렇게 해서 우리가 2024년부터 더 많이 노력하게 된 것은 마을 교육공동체를 더욱 공고히 하는 것이었다. 학생들을 돌보고 역량을 다차원적으로 키워주기 위해서는 이제 학교 안에서 교직원의 힘으로는 한계가 있다는 생각이 들었다. 학생 개별 맞춤 교육을 위해 마을교사의 도움을 받아야 하고, 배움의 장소를 교실로 한정시키지 않으며, 안전한 돌봄망을 구축하기 위해 함께 힘쏟아야 한다는 데 의견을 모았다.

아이들의 쉼터를 만드는 활동을 위해, 이야기 그림책을 만들기 위해, 자연을 벗삼는 생태 체험을 위해 마을 교사에게 적극적으로 도움을 받았다. 그리고 유관 기관이 마을 축제에 관심을 가지고 참여할 수 있도록 노력하였다. 마을사랑봉사 활동과 전통시장 체험은 어느 새 3년 차가 되어 마을 주민이 반기고 기다리는 시간이 되었다.

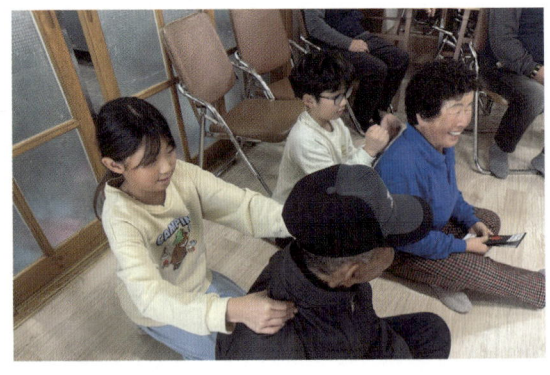

마을사랑 봉사 활동

마을 교육과정은 단순히 아이들에게 마을을 통한 교육의 효율성을 제공하는 교육이 아니다. 아이들을 인격적으로 대하고 격려해 줄 수 있는 우리 마을의 좋은 선생님을 만나고 소통하는 기회를 제공하는 교육이다. 아이들은 마을 교육과정을 통해 자신의 내면을 깊이 들여다 보기도 하고, 때로는 우리 지역에 대한 애착을 경험하기도 한다. 안전한 배움을 경험하게 되는 것이다. 학교와 마을에서 그런 경험으로 변화하고 성장하는 아이들의 모습을 보면 나는 가슴이 뛴다.

청송초 혁신학교 10년을 지나는 지금, 스스로에게 질문해 본다. 무엇이 나의 가슴을 뛰게 하는가? 무엇으로 우리 아이들의 가슴을 뛰게 할 것인가?

전통시장 체험 학습

청송 혁신교육, 또 다른 시작을 응원합니다
— 혁신학교 10년, 교육공동체의 성장 기록

교감 최영주

　시대가 변할수록 학교 현장은 참 어렵게 흘러간다. 사회의 불안감과 치열한 경쟁은 고스란히 교실로 이어지고 학부모의 불안함과 예민함은 아이들의 불안함과 예민함으로 그대로 전이되어 결국에는 학교와 교사에 대한 불신과 갈등을 초래하여 이루 헤아릴 수 없는 민원과 갑질의 현장이 되고 있다. 그래서 배움과 성장이 중심이 되어야 할 교실은 수업이라는 형식을 갖춘 장소로 점차 변해가고 있어 진정한 교육을 하고 싶은 교사도 배움과 성장을 원하는 학부모도 그 바람을 실현하기란 정말 어려운 구조로 가는 듯해서 안타깝기만 하다.

　그럼에도 해맑은 아이들의 모습을 보고 어려운 상황 속에서도 아이들에 대한 열정과 잘 해내야 한다는 책임감으로 수업과 생활지도에 무언가를 꽉꽉 채우는 선생님들의 표정, 동료 간에 주고받는 웃음과 대화들, 수업을 공개하면서 긴장감 속에서 주고받는 이야기 등 무수히 많은, 점점 더 예민해지고 삭막해지는 교단 속에서도 아이들과 따뜻하게 만나는 선생님과 선생님들을 믿고 사랑하는 이들의 이야기를 듣는 일은 청송초등학교에서의 1년 6개월을 즐겁게 지낼 수 있게 한 원동력이었다.

저마다의 학교들은 사는 곳이 다르고, 선생님들이 다르고 아이들도 다르고 공간도 다르니 학교 교육과정 속에 학교의 개성과 특별함을 담는다. 학년도가 시작되기 전 무엇을 담을까 고민하고 부지런히 움직이면서 아이들이 성장하기를 지원한다. 청송초등학교에 재직하면서 교육 3주체가 함께 걸어온 성장길을 살펴보면 다음과 같다.

첫째, [함께 고민하고 함께 성장하는 학교] 2016년부터 혁신학교 지정을 계기로 교육공동체의 자발성, 민주성, 동료성을 추진 동력으로 삼아 '느리더라도 천천히 함께 가는 청송 행복배움터'를 실현하고자 노력하였다.

둘째, [학생 주도형 프로젝트 학습과 과정중심평가] 배움이 곧 삶이 되게 하라.

학생 주도형 융합적이고 통합적인 학습 활동(정자 만들기) 강화로 실생활 문제 해결 경험을 제공하고 학생의 학습 과정과 사고 과정을 중점적으로 평가한다.

셋째, [함께 배우고 성장하는 전문적 학습공동체] 교장도 한 표, 교사도 한 표

교사들이 자발적으로 모여 수업 연구에 중심을 두고 교사 간 '벽'을 허물어 수업 고민을 함께 나누고 학생 참여형 수업 사례를 적극적으로 공유하여 실질적 수업 개선 및 학생 중심 교육을 실현하는 데 큰 효과를 거두었다.

넷째, [학생 모두가 참여하는 다모임] 민주주의가 움트는 학교

행복놀이 한마당 - 단체 줄넘기

다양한 주제(모두가 함께하는 생일 축하, 학생 협의 활동(학생 생활, 학교 행사, 기념일 관련 협의, 학생이 만드는 행사 주도 활동 등)에 따라 스스로 생각하고, 의견을 제안하고 토의하여 결정하는 민주적인 의사결정 과정에 직접 참여하여 실천해 볼 수 있는 기회를 제공한다. 작게는 학생들이 속한 교실에서부터 시작해 학교, 지역사회의 문제까지 확대하여 참여하는 과정에서 학생과 교사 모두 민주시민으로서 효능감을 높이는 교육활동으로 자리매김하고 있다.

다섯째, [마을 교육공동체(마을과 더불어 살아가기)] 마을은 어떻게 아이를 키울까? 마을은 삶의 기술을 배우고 자연 속에서 경험하며 공동체의 가치를 익히는 살아있는 교육의 장으로 마을 안에서 아이들과 어른이 어울려 배우고 서로의 삶을 존중하며 건강한 마을 시민으로 성장해 나가는 중요한 교육생태계이다. 지역의 다양한 체험처를 학생들과 연결하고 그에 따라 마을 자원을 활용한 지역 기반 마을 교육과정이 더욱 확대되길 바란다.

아마 현재도 청송 아이들은 혁신학교의 수업과 배움으로 스스로 생각하고 함께 문제를 해결하는 과정을 경험하고 그 속에서 동료에게 배우고 자신의 삶을 어떻게 만들어갈까 고민하며 한걸음 한걸음 성장하고 있을 것이다. 비록 모르고 지나칠 수 도 있겠지만 그동안 청송 교육공동체가 해왔던 수업이, 평가가, 교육과정이 미래로 나가는 과정이었음을 확인하는 시간이었고 앞으로도 그 방향이 일반화되길 바라는 마음이다.

온책 읽기 발표회

나는 배움과 나눔으로 함께 가는 길이 우리 교육자들의 길이라고 생각한다. 나는 아이들을 통해 참 많은 것들을 배웠고, 그렇게 교사로서 성장하였고, 그 배움을 이렇게나마 청송초등학교에 와서 함께 나눌 수 있었다는 사실이 무척 기뻤다. 나에게도 영원히 기억될 청송초등학교의 지속 가능한 발전을 기원하며 여기, 이곳에서 참 많이 행복했다고 말하고 싶다.

다양한 능력과 색깔로 빛나고 있는 아이들의 미래 가능성과 모두가 감동으로 만드는 학교 교육과정 안에서 교육공동체 모두가 성장하며 행복한 학교라는 믿음으로 면 단위 작은 학교의 소멸되어 가는 시골의 위기를 잘 극복하고 학생과 학부모가 가고 싶은 학교로 한 발 더 도약하는 출발점에 선 청송초등학교를 응원한다.

혁신학교에서 얻은 깨달음

명정희(충청남도교육청과학교육원 기획연구부장)

1. 학교장 부임과 혁신학교의 시작

 2012년, 합천초등학교에서 혁신학교 운영 실무를 맡으며 교육공동체의 변화 가능성을 몸소 체감한 경험은 이후 청송초등학교 학교장으로 부임하게 되는 결정적인 계기가 되었다. 이러한 경험을 바탕으로, 청송초에서도 배움 중심의 학교 문화를 실현하고자 하는 열정으로 혁신학교 2기 8년 차, 3기 9년 차를 맞이하게 되었다.
 혁신학교 운영 경험은 학교장으로서의 역할에 대한 명확한 방향성과 자신감을 심어주었다. 나는 혁신이 단순한 프로그램 운영이나 일회성 이벤트가 아니라, 학교 문화를 근본적으로 변화시키는 깊은 성찰과 지속적인 실천임을 확신했다. 특히 수업을 통해 학생의 삶에 긍정적인 변화를 이끌어내는 데 중점을 두고자 했다.
 그러나 현실은 생각과 달랐다. 혁신학교의 다양한 실천 과제들이 제도적 기반 없이 이어져 오며 누적된 피로감이 존재했고, 혁신의 틀과 문화는 유지되고 있었지만 이를 실제로 이끌어 나갈 열정과 역량을 지닌 교사들은 점차 줄어들고 있었다. 수업 중심의 학생 성장 전략은 미흡했으며, 수업과 평가의 연계 역시 체계적으로 정착되지 못한 상황이었다. 학부모의 학교 교육 참여는 형식적이거나 수동적인 수준에 그쳤고, 교육공동체로서의 유기적 연대는 부족하였다. 교사의 자율성은 확대되었지만, 그에 따른 책무성은 약화되었으며, 혁신은 오히려 업무 증가로 인식되는 부작용도 초래되었다.

무엇보다 나는 학교장으로서 교직원들과의 정서적 공감, 실제적 모범이 되는 리더십, 그리고 나를 희생하는 헌신적인 자세에 있어서 부족함을 느꼈다. 이러한 나의 한계는 교직원 간의 신뢰 형성과 자발적인 참여를 이끄는 데 장애로 작용하였고, 결과적으로 학교 혁신의 속도와 깊이에 제약이 되었다.

2. 세 가지 운영 전략

이러한 현실적 문제를 해결하고자 나는 몇 가지 핵심 원칙을 바탕으로 학교 운영 방향을 재정비하였다.

첫째, 학생들이 자신의 삶과 연결하여 배움의 의미를 체감할 수 있는 수업을 만드는 데 주력하였다. 교사들이 학생의 삶의 맥락에서 출발한 수업을 기획하고 실행할 수 있도록 프로젝트형 수업, 문제 해결 중심 수업, 지역 연계 체험 활동을 강화하였다. 실천 중심의 교사 공동 연구와 과정 중심 평가를 도입하여 학생의 성장을 세심히 포착하고자 하였으며, 학생 자치와 전문적 학습공동체 활동을 통해 주도성이 살아 있는 교실 문화를 조성하고자 노력하였다.

둘째, 수업과 평가에 교사들이 집중할 수 있도록 예산과 행정 운영을 간소화하였다. 수업 설계와 연구 활동을 실질적으로 지원할 수 있도록 예산 편성과 집행 체계를 마련하였고, 불필요한 사업과 행정 절차를 줄여 자율적 예산 운영 체제를 구축하였다. 학교 업무 분장을 조정하여 부서 간 협업을 촉진하고, 교사들이 상호 소통과 협력 속에서 수업 역량을 높일 수 있도록 하였다.

셋째, 학부모의 자발적인 참여를 유도하고 지속 가능한 참여 구조를 마련하였다. 학교운영위원회와 학부모회를 실질적인 교육 동반자로 조직하고, 정기적인 학부모 모임을 통해 학교의 교육 방향을 공유하였다. 학부모 대상 연수, 교육활동 참관, 교육 기부 및 재능 나눔 프로그램을 확대하여 학부모가 학교 활동에 자연스럽게 참여하고 만족할 수 있도록 유도하였다.

3. 혁신학교의 지속 가능성을 위한 제언

청송초에서의 운영 경험을 바탕으로, 충남 혁신학교의 향후 발전 방향에 대해 다음과 같은 세 가지 정책적 제언을 하고자 한다.

첫째, 운영 평가와 일반화 모델 구축이 필요하다. 혁신학교 10년의 성과를 종합적으로 평가하고, 단순한 양적 확대와 예산 지원을 넘어 각 학교의 맥락을 고려한 다양한 운영 모델을 개발해야 한다. 역량 있는 활동가들이 자발적으로 모인 학교를 중심으로 실제적인 사례가 축적되고 공유될 수 있도록 해야 한다.

둘째, 인사 제도의 전면 개편이 시급하다. 학교 혁신의 성패는 교사들에게 달려 있다. 교사들이 열정을 가지고 교육활동을 기획, 설계, 실행, 성찰하는 순환 구조를 형성해야 하며, 혁신의 철학에 공감하는 교사들이 함께할 수 있도록 전보, 승진 등 인사 제도를 전면 개편해야 한다.

셋째, 혁신학교 운영 경험을 갖춘 교사들이 교육 정책 형성 과정에 실질적으로 참여할 수 있도록 해야 한다. 교육전문직 및 관리자 양성 과정에 혁신 경험 교원을 우선 배치하고, 이는 학교 현장의 실천력이 정책으로 이어지는 선순환 구조를 형성하는 데 필수적이다. 학교 혁신을 위해 헌신하며 자율성과 책임, 협력과 성장이 살아 숨 쉬는 학교 문화를 경험한 교원이 교단과 교육행정을 주도할 수 있는 토대를 구축해야 한다.

4. 맺음말: 공동체 변화로 완성되는 혁신

혁신학교는 단기적인 성과보다 장기적인 교육 문화의 변화에 주목해야 한다. 이를 위해서는 현장의 목소리와 실천을 반영한 유연한 정책과 지속 가능한 지원 체계가 반드시 필요하다. 나는 청송초등학교에서의 경험을 통해 진정한 혁신은 개인의 노력이 아닌 공동체 전체의 변화에서 비롯된다는 사실을 다시금 체감하였다. 그리고 그 변화는 학교의 구조와 문화를 동시에 바꿀 수 있을 때에야 비로소 완성될 수 있다고 믿는다.

"요즘 학생들은 흙냄새를 못 맡아봐서 안 됐어."
라는 말씀은 단순한 아쉬움 이상의 의미를
담고 있다. 교육은 새로운 지식만을 전하는 것이
아니라, 사라져가는 가치를 되살리고,
인간과 자연이 조화를 이루는 삶의 방식까지
전하는 일이다. 학교 울타리를 넘어서 마을과
손잡고, 자연 속으로 들어가 배우는 이 교육은
교실 안에서 채울 수 없는 깊이를 제공한다.
학생들은 흙 속에서 생명을 심고, 기다리고,
가꾸며 생명 존중과 공동체 의식을 자연스럽게
익혀간다. 수확이 목표가 아니라,
그 과정을 통해 자라나는 마음이야말로
진정한 성과다.

3장
공동체의 성장을 생각하다

작은 학교의 큰 매력에 빠지다

학부모 송정호

작은 학교 선택

나는 청송초등학교 6학년과 4학년 두 아이의 학부모이다. 우리 아이들이 입학부터 청송초등학교를 다닌 것은 아니다. 첫째 아이가 3학년 2학기 때 전학을 오게 되었다. 이전에는 학생 수가 많은 큰 학교에 다녔다. 전학을 결심한 이유는 돌봄 공백이었다. 우리 가족은 맞벌이 가정이다 보니 방과후에 아이들을 돌볼 여유가 없었다. 큰 학교의 경우 방과후에는 학원으로 아이들을 보내야 하기 때문에 우리는 안전한 학교에서 아이들이 생활하길 원했다. 작은 학교는 1학년부터 6학년까지 전교생이 16:30까지 학교에서 방과후를 보내고 학교 버스로 집까지 바래다 주는 시스템이 정말 좋았다. 전학 갈 작은 학교를 찾아 보던 중 집에서 가까운 청송초등학교를 아이들과 방문하였다. 설레는 마음으로 교무실을 방문하니, 교감선생님께서 반갑게 맞이해 주셨다. 전학 올 생각으로 방문하였다고 하니 학교에 대한 자세한 설명과 우리들을 데리고 교정 이곳 저곳을 자세하게 설명해 주셨다. 청송초등학교는 작은 학교이면서 혁신학교로 지정되어 학생들을 위한 프로그램과 체험학습 등이 다양하게 운영되고 있었다. 큰 학교에서는 느끼지 못한 학생들에 대한 세심한 지도와 배려가 마음속에 전달되었다. 학교를 나오며 아이들에게 물어봤다. "청송초등학교 어때? 다니고 싶니?" 아이들은 망설임 없이 "학교 정말 좋다. 청송초등학교 다니고 싶어요~" 마음이 통했던 걸까, 부모와 아이들의 생각이 같았다.

큰 매력에 빠지다

드디어, 청송초등학교 생활이 시작되었다. 큰 학교에서는 할 수 없었던 경험들이 하나, 둘씩 늘어갔다. 발표할 수 있는 기회, 선생님과의 1대1 맞춤형 수업, 다모임을 통한 전교생 토의·토론, 다양한 방과 후 교실, 교외 체험 등등. 큰 학교에서는 누리지 못했던 일들이 작은 학교에 오니 다채롭고 주체적으로 할 수 있었다. 특히, 인상 깊었던 활동은 크게 두 가지 분야다.

첫 번째는 학생과 학부모가 함께하는 활동이다. 먼저, 동화책 읽어주기 활동이다. 동화책 읽어주기는 학부모가 자녀의 반에서 일일 책 읽어주기 선생님이 되어 동화책을 읽어 주는 활동이다. 난생 처음 해 보는 활동이라 걱정 반 설렘 반으로 동화책을 읽어 주러 학교에 방문했다. 전날 집에서 많이 연습한다고 했는데 막상 아이들 앞에서 읽으려니 쑥스럽고 긴장도 되었지만 아이들이 집중하고 경청하는 모습에 준비한 것을 무사히 마칠 수 있었다. 가져 간 간식으로 퀴즈도 내고 나누어 주며 즐거운 시간을 보냈다. 책 읽어줄 때보다 간식 줄 때가 더 신나고 즐거워

보였지만. 우리 아이가 학교에서 어떤 모습으로 지낼지 많이 궁금했었는데 책을 읽어주며 살펴보니 집에서 못 보던 모습도 보이고 아빠가 일일 선생님으로 참여하니 아이 마음속에 자랑스럽고 뿌듯해 하는 모습도 보여 참여하기 참 잘했다는 생각이 들었다.

다음은, 자녀와 학부모가 함께하는 청송콕 배드민턴 교실이다. 매주 목요일 저녁 7시부터 9시까지 2시간 동안 자녀와 함께 배드민턴을 배우며 가족애를 키우고 자녀 친구들과 부모님들도 알게 되며 친해지는 뜻 깊은 시간이었다. 배드민턴 강사님을 초청해 기본기부터 실제 연습 게임까지 하게 되니 할 수 있는 운동종목이 추가된 것뿐만 아니라 아이들과 함께할 수 있는 운동이 생겨서 참 좋았다. 또한, 자녀 친구 부모님들과도 땀 흘리며 운동을 하게 되니 서로 친해질 수 있는 계기가 되고 아이 키우는 부모로서의 고민과 정보공유 등 알찬 시간을 보냈다. 마지막으로는 봄에 개최된 학교 운동회 및 가을에 열린 학교와 마을이 함께하는 청송축제다. 요즘에는 운동회 때에도 학부모를 초청하지 않고 학생과 교직원만 참석하는 학교가 많은데 청송초등학교는 작은 학교의 장점을 살려 학부모와 함께하는 운동회를 개최한다. 아이와 함께하는 경기는 물론 학부모 대항 계주경기 등 다양한 학부모 참여 경기가 있어 어릴적 학교 운동회로 돌아간 것 같은 느낌을 받았다. 학교에서는 음료뿐만 아니라 점심식사도 학생 및 학부모에게 제공해 주었다. 정말 놀라고 감사했고 작은 학교의 매력을 또 한번 느꼈다. 특히, 올해 운동회 때에는 학부모 점심을 학부모회에서 직접 준비하여 제공하였다. 메뉴는 바비큐…. 장보기부터 고기 굽기, 식사 마무리 정리까지 학부모회에서 직접 준비하고 추진했다. 즐겁게 이야기 나누고 웃으며 음식을 준비하니 힘든 줄도 몰랐다. 다행히 모두들 맛있게 드시고 뒷 정리까지 도와주셔서 감사드린다. 참고로, 아이들은 별도로 급식을 먹고 왔는데도 바비큐를 아주 맛있게 많이 잘 먹어 주었다. 역시 아이들은 뒤돌아서면 배가 고픈가 보다.

다음은, 마을과 학교가 함께하는 청송축제다. 매년 가을에 열리고 아이들이 한 해 동안 준비한 자신들의 장기를 마음껏 펼치는 자리다. 특별한 점은 마을주민과 함께하는 축제라는 것이다. 학교 주변 마을 주민들을 초청하여 프로그램에 참여하고 간식도 대접하고 아이들의 장기자랑을 보며 아이와 마을이 하나가 되는 뜻깊은 시간이다. 여기에 추가로 학부모회에서는 아이들과 마을주민을 위한 간식을 준비하였고 야심차게 준비한 학부모 중창과 율동도 선보였다. 무대 준비를 위해 2달여 동안 저녁에 학교에 나와 피나는 연습을 하였다. 노래 선곡부터 율동까지 굳어버린 몸을 움직이려니 여간 쉽지 않았고 왜 율동을 추가했지 하는 후회도 스쳤지만 축제 무대를 마치고 나니 율동이 있어서 큰 웃음도 드리고 분위기도 좋아진 거 같아 다행이라 생각되었다.

두 번째는 다양한 교외활동 체험이다. 여러 가지 체험활동이 있는데 두 가지 활동이 기억에 남는다. 먼저, 아이들이 인근 마을 경로당을 찾아가서 어르신들에게 편지도 읽어 드리고, 장기자랑도 보여드리는 활동이다. 핵가족화 시대에 나만 알고 이웃들에겐 관심도 없어지는 현실에서 아이들은 어른을 공경하는 마음을 배우고 어르신들은 보기 힘든 아이들을 내 손주같이 가까이서 볼 수 있어 외로운 마음도 채울 수 있는 참 좋은 활동이다. 다음으로는, 겨울방학 스키캠프다. 긴 겨울방학 동안 기억에 남는 멋진 체험활동을 할 수 있었다. 각 가정에서 가기에는 시간과 비용에 부담이 가는 스키체험을 학교에서 겨울방학을 활용하여 진행한다니 정말 엄청난 청송초등학교의 매력이다. 가기 전부터 설레여 하던 아이들은 역시나 다녀온 후 정말 재미있었다며 또 가고 싶다고 행복한 비명을 질러대었다. 올 겨울방학도 스키캠프는 계속된다고 하니 감사하고 또 감사하다.

앞으로의 청송초는…

이렇듯, 청송초등학교는 아이들을 위한 작지만 큰 매력을 가진 멋진 학교다. 학생과 선생님들뿐만 아니라 학부모와 마을주민들까지 학교 공동체에서 마을 공동체로 나아가며 온 마을이 아이들을 키우며 성장시키는 참된 학교라고 생각한다. 앞으로도 교장선생님을 중심으로 참되고 멋지며 매력 넘치는 청송초등학교가 되길 응원하며 기대해 본다.

청송에서 우리 아이는 웃음을 찾았습니다

졸업생 학부모 안윤미

첫 아이가 처음 학교에 입학했을 때 아이의 그림 속에는 엄마 얼굴이 없었다.

그릴 수 없어서가 아니라 그리는 것조차 시작하지 못하는 아이었다. 똑같이 그리지 못할까 봐 두려워 시작을 미뤘고 그 속엔 불안과 완벽주의 성향이 깊게 깔려 있었다. 늘 조심스럽고 위축된 채로 학교를 다니던 아이를 지켜보는 것이 부모로서 참 마음이 아팠다.

그러던 차에 우연히 청양에 사시는 지인에게 작은 학교에 대한 이야기를 듣고 용기를 냈다. 그렇게 청양으로 이사를 결심했고, 자연 속 따뜻한 학교, 청송초등학교와 만나게 되었다.

처음 청송초의 교문에 들어섰을 때, 아이보다 오히려 내가 더 안도했던 기억이 난다. 아이를 감싸는 학교의 분위기, 선생님들의 따뜻한 눈빛, 그리고 마을과 함께 살아 숨쉬는 공간이라는 것을 느끼는 데는 그리 오랜 시간이 걸리지 않았다.

시간이 흐르며 큰아이는 점점 달라졌다. 눈빛이 달라지고 친구들과 웃으며 어울리고 무엇보다도 자신감 있는 모습을 보았고 생각을 말하고 표현하는데 익숙해졌다.

　청송초의 다모임은 아이에게 목소리를 내는 방법을 가르쳐 주었다. 모든 학생이 하나의 주체로서 의견을 나누는 이 경험은 아이에게 민주적인 사고의 첫걸음을 선물했다.

　자연과 함께하는 일상도 아이의 정서에 큰 변화를 주었다. 텃밭을 가꾸고 계절마다 변화하는 풀과 꽃, 바람과 햇살을 몸으로 느끼며 아이의 감정도 차분해졌다. 작은 학교의 순수한 아이들과 관계 속에서 큰아이는 자신을 보호하는 껍질을 벗고 진심을 나누는 법을 배웠다.

　둘째 아이 역시 청송초에 입학하였다. 큰아이는 전학을 온 거였지만 둘째는 처음부터 입학한 것이라 그런지 더 빠르게 학교에 녹아 들었다. 형과 함께 학교에 가고 마을 사람들과 인사를 나누며 학교와 가정, 마을이 분리되지 않은 삶을 자연스럽게 받아들였다.

　물론 시골의 작은 학교이기에 기초학력 면에서 부족하진 않을까 걱정도 있었다. 하지만 청송초는 아이의 수준과 속도에 맞춰 다정하게 학습을 안내해 주었다. 일방적인 주입식이 아닌 스스로 알아가고 깨닫게 하는 과정이었기에 그 시기에 배워야 할 학습에 대한 것을 충실히 배워 나아갈 수 있었고 오히려 학습에 대한 자신감도 함께 자라났.

　지금 돌이켜 보면, 청송초는 단지 학교가 아니라 아이를 함께 키우는 커다란 품이었다. 선생님과 학부모, 아이들이 함께 아이의 하루를 만들고, 그 하루들이 모여 아이의 삶을 바꾸었다.

　이제 두 아이 모두 청송초를 졸업했지만, 그 시절의 따뜻한 시간은 아이들의 내면에 깊이 자리 잡고 있다. 같이 살아가는 삶, 다른 생각을 존중하는 태도, 나와 자연을 연결하는 감각, 이 모든 것이 청송에서 배운 가장 귀한 선물이다.

  청송초 혁신학교 10주년을 진심으로 축하한다. 앞으로도 아이들의 웃음과 성장을 지켜주는 이 따뜻한 학교가 오래도록 이어지길 진심으로 바란다.

하나 하나가 모여

학부모 서종필

2005년 초에 청양에서 목회를 하고 계신 큰형님께서 "급여는 줄 수 없지만, 1년 동안 봉사활동을 하면 그 후에 지원을 받아서 줄 수 있다. 너는 아이들을 좋아하니 할 의향이 있냐?" 는 물음에 하던 일을 그만두고 무작정 내려왔다. 1층 살던 사택을 전용공간으로 만들고 컨테이너로 처음으로 거주할 집을 이천만 원의 예산으로 지었다. 당연히 이 집은 수많은 문제점을 발생시키는 골치덩어리였고, 지금도 비가 많이 오면 비가 집안으로 들어올까 봐 걱정하며 지내고 있다.

학교와 지역아동센터 간 다양한 연계를 통해 2016년 폐교 위기였던 학교와 센터가 협업해 나갔다. 먼저 학교 차량운행을 센터의 스타렉스로 등하교를 책임지고 청송초를 다니면 센터를 무료로 이용할 수 있다고 홍보를 하였다. 그 결과 더 넓은 지역에서 학교에 올 수 있었고 센터 아이들도 유치원생부터 고등학생까지 다니게 되었다.

이후에 혁신학교로 지정되면서 학교버스도 생기고 방과후교실과 학부모회 등 다양한 활동을 하게 되었다. 작은 시골학교가 지금까지 40명 이상의 학생을 유지할 수 있었던 이유는 학교장을 중심으로 지역 현안인 작은 학교 살리기에 집중했기 때문이라고 본다. 먼저 학부모의 역할을 확대하였는데 아침밥먹기운동, 아침 활동에 학부모가 읽어주는 동화책, 운동회 함께 준비하기 등 학교 전반적인 활동에도 힘을 보탰고 학교 교육과정 운영 상의 여러 결정을 하는데에 있어서 함께 의견을 모으고 실행해 나갔다. 이러한 보탬의 가시적인 성과로 도서실을 새로 지었고, 학교 체육관에서 다양한 실내 운동을 할 수 있었으며 지금은 매주 목요일에 학생과 학부모가 참여하는 '배드민턴 교실'이 열리고 있다. 또 학교 정자도 하나 더 지어 총 3개의 정자가 학교에 있다. 학교 숲에 있는 정자는 거의 사용을 못 해본 것이 아쉽다. 지금은 다목적실을 공사 중에 있고 2학기에는 완성된 장소에서 다양한 활동들을 하게 될 것이다.

아이들의 모습을 점점 볼 수 없고 젊은 청년들이 적은 농촌의 현실이지만 '혁신미래학교'에서 그려낼 획기적인 학교생활로 지역이 살아나는 곳이 되었으면 한다. 정산초등학교 같은 경우 탁구를 매개체로 다른 지역에서 전학을 올 수 있도록 했으며 가족이 생활할 수 있는 거주지도 마련해 주어 학생 유입에 온 힘을 쓰고 있다. 멀지 않은 미래에 읍내 아이들도 급격하게 적어지는 상황을 맞이할 수 있다. 그렇기 때문에 지금부터 10년 뒤를 생각하는 거시적인 미래교육을 만들어가야 하지 않을까? 생각해 본다.

함께 성장하는 학교와 지역아동센터

청양공부방 지역아동센터장 박명옥

지역아동센터를 설립하신 서종일 대표님께서는 대전에서 목회를 하시다가 연고도 없는 청양에 목회를 위해 이사를 하셨다.

지역에 있는 아동들이 저녁 해가 넘어가도록 들판에서 뛰어노는 모습을 보시고는 자체적으로 아이들의 학습을 시켜주시다가 2003년 6월 '청양공부방'을 설립하셨다. 그리고 인근 청송초등학교와 연계하는 프로그램을 운영하여 아이들의 방임을 예방하기 위해 함께 노력하셨다. 이에, 학교에서는 통학차량이 없어 센터차량으로 아이들의 통학차량 지원을 함께 연계하여 아이들을 등·하원 하기도 하고, 대표께서 영어학과 전공으로 아이들의 방과후 프로그램으로 영어지도를 하셨다.

청송초등학교 아이들이 45여 명 가까이 센터를 이용하면서 지역아동센터가 자부담 기간 2년을 운영하는데 지원과 연계활동을 꾸준히 하여 진입평가를 무사히 통과, 2005년 1월에 신고시설로 등록이 되면서 보조금을 받기 시작하였다.

종사자들의 인건비조차 제대로 나오지 않았지만 아이들의 건강한 성장과 방임 예방을 위해 물심양면 헌신적으로 공부방을 운영하게 되었다.

2011년 7월 대표께서 미국으로 신학공부를 위해 가족이 출국하시게 되면서 서종필 목사님이 공부방을 이어 운영하게 되었다.

나는 2011년 서종필 목사와 결혼하면서 10개월 간 복지사로서 근무를 하다가 2012년 4월부터 청양공부방지역아동센터 센터장으로 근무하여 현재 2025년도까지 13년 남짓 센터를 맡아 운영하고 있다.

그동안 청송초등학교에 입학하는 아동을 대상으로 센터 입소 아동 모집을 하였고, 학교에서도 적극적으로 홍보와 연계에 힘써주어 센터를 이용하는 아동들이 끊이지 않고 유지될 수 있었다. 학교에서는 센터를 통해 아이들이 방과후에 하교와 저녁돌봄을 안전하게 받을 수 있어 다행스럽고 감사하다는 말씀을 항상 전하신다.

설립 당시에 다녔던 아이들이 이제 청년이 되어 사회생활을 하고 결혼하는 소식을 전하면서 벌써 가정을 이루는 아이들(?)을 만나는 기분은 새롭고, 전해지는 아이들의 성장소식을 들으면서 세월의 흐름이 빠름을 느낄 수 있다. 그리고 한편으로는 센터를 운영하는데 있어 사회 일원으로 건강하게 발돋움 할 수 있도록 역할을 한 것에 뿌듯함이 생기고, 어떻게 아이들을 지도하고 인격적으로 올바른 가치관을 가지고 생활할 수 있도록 지도해야 하는지에 대하여 고민도 하게 되는 것 같다.

한편, 청송초등학교에서 방과후를 담당하는 선생님들마다 지역아동센터와 긴밀한 관계를 유지해 주시고, 필요한 소식을 전해주어 센터 운영에 도움을 주시기도 하며, 교육지원청에서 특별예산을 지원해 주셔서 아이들에게 달란트시장 놀이프로그램 및 학용품 등을 지원해 주기도 하였다. 또 학교 재량휴업 및 학교 선생님들의 일정이 있어 조기 하교하게 되면 센터에 연락을 주셔서 아이들의 통학 및 돌봄에 공백이 생기지 않도록 협력하였다.

2019년 코로나가 발생하면서 집단생활이 어렵고 학교에서도 수업 진행에 어려움을 겪고 있을 때 학부모님들께서도 경제활동을 하셔야 하기에 지역아동센터는 무려 5개월간 센터에서 방학프로그램 운영시간대로 하루 온종일 아이들과 함께 코로나19 관리를 하면서 학업과 프로그램과 돌봄을 해야 했다.

코로나19로 집단활동을 하는데 제약적이다 보니 아동들을 데리고 외부 활동을 하는데도 많은 제약적인 부분이 있었고, 청양 관내 아동들이 이용할 수 있는 체육시설도 부재하였고, 있다고 하더라도 이용 제한이 있어 오로지 센터 공간에서만 머물러야 하는 답답함과 공간제약에 묶여 있었다.

학교 선생님들도 코로나 시기에 아이들이 센터 생활과 건강관리가 잘 되고 있는지 오셔서 살펴보기도 하고 학습지 등을 전달해 주면서 함께 아이들의 학습 격차가 발생하지 않도록 힘써 주셨다. 힘든 시기였기도 했지만 아이들과 긴밀한 관계 속에서 하루하루를 보냈던 기억이 새롭다.

청송초등학교가 혁신학교로 선정이 되면서 학교에도 디지털 교육 환경이 구성되고, 다양한 체험활동과 문화 교육 등이 다채롭게 이루어져서 아이들이 많은 경험을 할 수 있게 되었다.

지역아동센터도 외부 공모사업 등에 선정이 되어 환경도 개선이 되고, 학습지원과 물품 지원 등을 통해 아이들에게 늘 다양한 경험을 제공할 수 있게 되었고, 가정의 형편에 따라 경제적인 어려움에 있어 필요한 부분도 채워주기 위해 최우선으로 고민하며 프로그램을 지원하고 있다.

또한, 센터운영위원회 구성원으로서 학교 선생님들께서 적극적으로 참여하여 학교가 필요한 부분, 센터가 필요한 부분 등 함께 협력하여 도움이 될 것들을 논의하며 헤쳐나가면서 서로가 이제는 없어서는 안 될 상생의 존재가 되었다.

학교가 강당을 건축하면서 지역아동센터 아동들의 체육활동을 위한 공간으로 활용될 수 있도록 늘 장소 제공을 아낌없이 해주셔서 아이들의 체력관리에 있어서도 많은 도움을 받고 있다.

학교에서 토요돌봄도 없고 방과후도 없을 당시 종사자들은 행정을 할 시간이 부족할 정도로 조금 힘이 든 부분이 있었지만 지역아동센터에서 충분한 아이들의 돌봄과 관찰과 지도가 가능하였다.

하지만, 토요돌봄 및 학기 중 방과후 돌봄을 하면서 센터를 이용하는 시간이 줄어 종사자는 행정업무가 원활하지만 아동들과 관계형성 및 관찰지도, 프로그램 제공할 수 있는 시간이 다소 부족한 부분이 발생하여 여유 있는 아동지도가 되지 않는 애로점이 있다. 그러면서 기관들에게는 야간 연장돌봄 정책을 요구한다. 이에, 예전 교육정책처럼 교육은 학교에서, 가정에서의 정서적인 돌봄이 필요한 부분은 가정에서, 부모님들의 경제활동 공백의 시간 돌봄은 돌봄기관에서의 역할이 필요하지 않나? 하는 생각을 가져본다.

청양군에 살고 있는 아동 청소년들이 교육에 있어서는 도시와의 격차가 없는 수준으로 힘쓰고 있으며, 기관별로 아동들을 위해 여러 프로그램과 지원으로 풍족한 시대가 되었다. 그럼에도 뭔가 채워지지 않는 아동들의 마음을 채워줄 수 있고 행복감을 느끼며, 스스로가 사회의 일원으로 존재성을 확립하며 살아갈 수 있도록 학교와 지역아동센터가 함께 협력을 유지해야 할 것이다.

이렇게 22년 동안 학교와 지역아동센터는 서로가 서로의 이권이 아닌 아동 중심으로 운영되고 있다.

2027년도에 지역아동센터의 숙원이었던 읍내로 이전이 가능하게 되었다. 이에, 아동들이 센터를 이용함에 있어 용이한 환경이 될 것 같다. 아동들의 행복과 건강한 성장을 위해 청송초와 지역아동센터는 오늘도 함께 한 발자국 한 발자국 앞으로 내딛고 있다.

나에게 청송초란?

2023학년도 졸업생 양지혜

　나에게 청송초는 커다란 놀이터 같다. 놀이터에 가면 커다란 미끄럼틀도 있고, 그네도 있고, 시소도 있어서 지루할 틈이 없는 것처럼, 청송초에서의 하루도 매 순간 즐겁고 새로운 경험으로 가득 차 있기 때문이다. 6년 내내 나의 교실은 마치 미끄럼틀 같았다. 처음에는 높은 곳에 올라가는 것처럼 조금 어렵고 긴장되지만, 선생님과 친구들이 함께하니 어느새 재미있게 미끄러져 내려오듯 즐겁게 배움을 이어갈 수 있었다. 운동장은 그네 같았다. 힘껏 뛰며 달리고, 웃고, 땀을 흘리다 보면 마음이 하늘 높이 날아오르는 것 같은 자유로움이 느껴졌다. 또, 친구와 나누는 대화와 웃음은 시소 같았다. 혼자서는 오르락내리락할 수 없지만, 함께할 때 비로소 균형을 이루며 즐거움이 배가된다.

　특히 운동회 날은 잊을 수 없는 기억이다. 개인 달리기를 할 때 심장이 두근거리고 발이 떨렸지만 학생들과 선생님들의 응원 소리가 나를 힘나게 했다. 출발 신호와 함께 힘껏 달렸고, 끝내 1등으로 결승선을 통과했을 때의 짜릿함은 지금도 생생하다. 친구들이 "잘했어!" 하며 응원 해줬을 때 느낀 기쁨은 마치 놀이터의 그네가 하늘 끝까지 올라간 듯한 벅찬

청송초라는 놀이터에서
나는 많은 것을 배웠던 거 같다.
도전하는 법, 서로를 배려하는 마음,
그리고 함께하면 더 행복하다는 사실을 알게 되었다.
때로는 넘어지고 무릎이 아플 때도 있지만,
놀이터에서 다시 일어나 달리듯
청송초에서도 포기 하지 않고
다시 도전하는 용기를 얻을 수 있었다.

순간이었다.

 또 하나 기억에 남는 순간은 예술제에서의 치어리딩 공연이다. 처음에는 많은 사람들 앞에서 춤을 춰야 한다는 생각에 떨리고 긴장되었지만, 무대 위에 올라가 친구들과 동생들과 함께 노래, 박자에 맞춰 춤을 추자 관객들의 박수와 환호가 쏟아졌다. 그 순간은 내가 무대 위에서 춤출 때는 마치 커다란 무대가 나만의 세상으로 변한 것 처럼 짜릿하고 뿌듯한 경험이었다. 무대가 끝난 후 친구, 동생들과 얼굴을 마주 보며 활짝 웃던 그 기쁨은 지금도 마음속에 깊이 남아 있다.

 청송초라는 놀이터에서 나는 많은 것을 배웠던 거 같다. 도전하는 법, 서로를 배려하는 마음, 그리고 함께하면 더 행복하다는 사실을 알게 되었다. 때로는 넘어지고 무릎이 아플 때도 있지만, 놀이터에서 다시 일어나 달리듯 청송초에서도 포기하지 않고 다시 도전하는 용기를 얻을 수 있었다. 그래서 나에게 청송초는 단순한 학교가 아니라 끝없는 웃음과 배움이 펼쳐지는 놀이터다. 이곳에서 쌓은 추억과 배움은 앞으로도 내 마음속에서 즐겁게 흔들리는 그네처럼 언제나 나를 행복하게 해주는 공간으로 기억될 것 같다.

청송초등학교에서 피어난 추억들

2024학년도 졸업생 이예지

　청송초등학교는 나에게 단순한 학교가 아니라, 수많은 추억이 피어난 특별한 공간이었다.
　학생 자치위원장을 맡았던 시간은 쉽지 않았다. 앞에 나서서 친구들을 이끌고, 계획을 세우고, 항상 책임감을 가져야 했기 때문이다.
　가끔은 내 중심으로 모든 걸 조율해야 한다는 부담감에 지칠 때도 있었다. 하지만 그만큼 더 많이 배우고, 성장할 수 있는 기회였다.
　청송초에서는 체험학습이 정말 많았다. 교실을 벗어나 직접 몸으로 느끼고 배우는 경험들은 책보다 더 소중했다.
　새로운 장소에 가고, 처음 만나는 것들을 보고, 친구들과 함께 웃고 떠들며 배운 하루하루가 아직도 생생하다.
　그리고 무엇보다 기억에 남는 건, 마을축제였다.
　온 학교가 하나 되어 웃고 즐기던 그날의 분위기, 손에 간식 하나씩 들고 친구들과 사진을 찍고, 무대에 올라 긴장하던 순간들.
　모든 게 잊을 수 없는 소중한 기억으로 남았다.
　청송초는 선후배 사이도 정말 좋았다. 서로를 도와주고 챙겨주는 따뜻한 분위기 덕분에 학교가 항상 편안한 공간처럼 느껴졌다.

  선배들처럼 멋진 사람이 되고 싶었고, 후배들에게 좋은 기억으로 남고 싶어서 더 열심히 노력했다.

  이제는 그 모든 날들이 지나 추억이 되었지만,

  청송초에서 보낸 시간들은 내 마음속에 여전히 빛나고 있다.

  거기서 피어난 기억들은 앞으로도 내가 흔들릴 때마다 꺼내 볼 수 있는, 가장 따뜻한 힘이 될 것이다.

내 마음속 두 번째 가족

6학년 송서윤

청송초는 나에게 단순한 의미의 학교가 아닌, 또 하나의 가족과도 같은 소중한 공간이다. 가족이 나의 성장을 지켜보고 응원하며 가능성을 발견하게 해주듯이, 우리 학교 역시 내가 나답게 성장할 수 있도록 수많은 기회와 경험을 아낌없이 제공해 준다.

매일 아침 학교에 들어설 때면 따뜻하게 반겨주는 선생님과 친구들의 얼굴이 마치 가족처럼 느껴진다. 서로 인사를 나누고 함께 하루를 시작하면서, 나는 혼자가 아니라는 것을 느낀다.

운동시간에는 배드민턴이나 무용 같은 다양한 활동을 하며 친구들과 함께 몸을 움직인다. 매주 학교에서 가족들과 함께 배드민턴을 치면서 마저 못한 이야기를 끝내고, 수업 시간에 친구들과 함께 무용할 때 동작을 맞춰가면서 서로를 이해한다. 땀을 흘리며 함께 웃고, 실수할 때마다 서로 격려하는 과정에서 협동심과 인내심을 자연스럽게 배워간다.

때론 승부를 겨루기도 하지만 결과보다는 서로를 배려하고 존중하는 마음이 더 소중하다는 것을 알게 되었다. 그렇게 우리는 서로를 아끼고 돕는 법을 배우며 진짜 가족처럼 끈끈한 정을 쌓아간다. 예술 활동 시간에는 피아노를 연주하거나 글쓰기를 하면서 내 마음을 자유롭게 표현하는 법을 배운다. 수업이 끝나고 방과후학교(늘봄학교) 피아노 시간에는 멜로디에 따라 그날의 감정을 담아보기도 하고, 나도 작가 시간에는 글 속에 나만의 이야기와 생각을 담아보기도 한다. 이러한 시간은 내가 어떤 감정을 갖고 있고, 어떤 생각을 할 수 있는 사람인지를 스스로 깨닫게 해 준다. 남과 비교하지 않고, 나만의 색깔과 감성을 인정하게 되는 소중한 경험이다.

작년 겨울에 갔던 스키캠프나 박물관 견학처럼 책에서만 보던 것들을 직접 보고 체험하는 체험학습은 내 시야를 넓게 해준다. 새하얀 스키장에서 높은 곳을 한 번에 내려올 때의 기분과, 사회 시간에 배웠던 유물을 실제로 보는 기분은 쉽게 잊혀지지 않는다. 무엇보다도 친구들과 함께 웃고 놀며 배우는 이 순간들은 시간이 지나도 마음속에 오래도록 기억될 것이다. 우리 청송초는 단순히 공부만 하는 곳이 아니다. 이곳은 나의 하루하루를 의미 있게 만들어주는 따뜻한 울타리이며 나를 성장하게 해주는 특별한 공간이다. 여기서 나는 매일매일 조금씩 더 발전하고 내가 어떤 사람인지 어떤 꿈을 갖고 싶은지를 알아가고 있다. 그래서 청송초는 내 마음속 두 번째 가족이며, 언제나 소중하게 간직하고 싶은 나의 또 다른 가족이다.

내가 좋아하는 청송초

5학년 이은석

나는 우리 학교가 좋다. 똑같은 하루를 반복하는 것 같지만, 매일 매일이 늘 새롭다. 지금부터 내가 사랑하는 청송초를 소개해 보려고 한다.

우리는 학교의 크고 작은 일들을 다모임에서 함께 정한다. 처음엔 내 의견을 말하는 게 어려웠지만, 선생님과 친구들이 도와줘서 자신감을 얻었고, 결국엔 다모임의 부자치위원장까지 맡게 되었다. 다모임을 통해 내 생각을 분명하게 말하는 법과 다른 사람들 앞에서 당당하게 발표하는 법을 배웠다.

우리 학교에서는 특별한 체험들이 많다. 청양에서 살아가는 식물과 토종물고기를 알아보는 생태체험, 청양의 특산물을 알아보고 물건들을 직접 사보는 시장탐방 등이 있다. 또 교내 활동체험으로는 대표적으로 마을이야기 책 만들기 프로젝트가 있다. 집에서 해보지 못한 신기하고 특별한 활동들이라 늘 즐거웠다.

또한, 1년에 한 번 열리는 어울림 한마당은 단순한 학교 축제가 아니다. 학교 이웃 마을 사람들과 함께 다양한 체험을 하고, 우리가 1년 동안 방과 후 수업에서 배운 것들을 공연하는 시간은 매 순간이 즐겁고 짜릿했다. 이러한 축제를 통해 학교와 마을이 하나되어 함께하는 의미 있는 행사라는 것을 느꼈다.

그리고 매년 5월에 열리는 운동회는 친구들과 협력하는 즐거움을 배울 수 있는 날이었다. 이길 때는 함께 응원하고, 질 때는 서로를 격려하며 더욱 친해졌다. 학부모님들도 참여하는 코너가 있어서 온 가족이 함께 즐기는 날이었다. 내가 좋아하는 운동을 실컷 할 수 있어서 더 좋았다.

우리 학교에서 가장 긴 1년짜리 행사인 텃밭 가꾸기는 우리가 직접 식물을 키우는 특별한 경험이다. 봄에는 씨앗을 심고, 쨍쨍한 여름에는 잡초를 뽑고 감자를 캤다. 수확의 계절 가을에는 무와 배추를 수확했는데, 힘들었지만 우리가 직접 키운 채소들을 보니 정말 뿌듯했다.

마지막으로 내가 우리 학교를 가장 좋아하는 이유는 세상에서 가장 착한 친구들, 사랑으로 가르쳐 주시는 선생님들, 그리고 우리를 응원해 주시는 학부모님들이 있다. 이제 내년이면 6학년이 되고, 졸업할 날이 머지않아 벌써부터 슬프다. 하지만 나의 동생과 후배들이 청송초에서 많은 배움을 얻고 소중한 추억을 만들기를 바란다. 역시 내 생각에는 세상에서 가장 좋은 학교는 바로 청송초다.

소통으로 함께 성장해온 청송교육공동체 10년
모두가 주인공인 우리들의 학교

2025년 11월 15일 초판 1쇄 발행

지은이　청송초등학교 교육가족
펴낸곳　도서출판 심지
등　록　제 2003-000014호
주　소　34570 대전광역시 동구 대전천북로 12
전　화　042 635 9942
팩　스　042 635 9941
전자우편　simji42@hanmail.net

ISBN 978-89-6627-271-6　03810

* 저자와의 협의에 의해 인지를 생략합니다.
* 이 책은 2025 충청남도교육청 혁신학교 10년 기록물 지원 사업으로
　발간된 책으로, 판매 수익금 전액 해당교 학교 발전 기금으로 사용됩니다.